HOE BANKIERS GELD SCHEPPEN

JAN MUSSCHOOT

Oorspronkelijke titel: **Bankers are people, too** – How finance works (2017)

© 2018 Jan Musschoot

Illustraties Emmy Musschoot

D/2018/Jan Musschoot, uitgever

ISBN 978 90 827 3701 1

NUR 793

Vragen en opmerkingen over dit boek zijn welkom op

bankersarepeopletoo@gmail.com

Meer van en over de auteur op blog.janmusschoot.be

Inhoud

Inleiding

"De meeste mensen zijn regelmatig niet in staat bepaalde financiële transacties te begrijpen. Daardoor is het monetair systeem omgeven door een waas van mysterie, geheimzinnigheid en magie." – Hjalmar Schacht (1877-1970), voorzitter van de Duitse Reichsbank [1]

Bankier. Een beroep met een negatieve bijklank. Voor sommigen zijn bankiers witteboordencriminelen. De financiële en economische crisissen sinds 2008 hebben het imago van de financiële sector geen deugd gedaan. De Amerikaanse journalist Matt Taibbi noemde zakenbank Goldman Sachs een "grote vampierinktvis die het gezicht van de mensheid omwikkeld, terwijl hij meedogenloos zijn bloedbuis steekt in alles wat naar geld ruikt". [2] De econoom Michael Hudson staat net zo negatief tegenover de financiële sector in zijn boek 'Killing the Host. How Financial Parasites and Debt Bondage Destroy the Global Economy.' De ondertitel – 'hoe financiële parasieten en schuldslavernij de wereldeconomie vernietigen' – zegt genoeg. [3]

De ontastbaarheid van financiële diensten is één van de redenen waarom mensen een afkeer hebben van de sector. Het spreekt voor zich hoe landbouwers, vrachtwagenchauffeurs, leraars of verpleegsters waarde creëren. Er zijn daarentegen weinig mensen die begrijpen wat bankiers precies doen. Ieder schandaal waarin grote banken betrokken zijn besmeurt de hele sector. Hoge bonussen voor bankdirecteurs en handelaars worden breed uitgesmeerd in de kranten. De hebzuchtige bankier is de favoriete boosdoener voor tal van niet-gouvernementele organisaties en politieke partijen.

De combinatie van onwetendheid, schandalen en opportunisme maakt het gemakkelijk om *banksters* (een mengwoord van *banker* en *gangster*) af te schilderen als parasieten die rijk worden op de kap van de hardwerkende bevolking. Het uitlenen van geld heeft immers lang een morele dimensie gehad. Denk maar aan het woord *schuld*, wat zowel een fout kan betekenen als een verplichting om geld terug te betalen. De Middeleeuwse Kerk verbood het aanrekenen van rente op leningen, wat woekeren genoemd werd. Hoewel krediet nu meer aanvaard is, blijft het een stigma van oneerlijkheid met zich meedragen.

Financiële geletterdheid

Overal ter wereld is de financiële geletterdheid laag. [4] We doen regelmatig boodschappen, waardoor we spontaan de juiste prijs en kwaliteit van consumptiegoederen kunnen inschatten. Slechts enkelingen weten als ze een correcte prijs betalen voor financiële producten en diensten. Bankiers buiten dit gebrek aan kennis soms uit door producten te verkopen die niet in het belang van de klant zijn.

In de op ware feiten gebaseerde film *The Wolf of Wall Street* speelt Leonardo Di Caprio een effectenmakelaar die rijk wordt door goedgelovige particulieren rommelaandelen aan te smeren. [5] De verkoper steekt een grote commissie op zak bij iedere transactie, terwijl de kopers met riskante aandelen achterblijven.

Rijken maken niet altijd slimmere investeringskeuzes dan gewone beleggers. De Amerikaanse zakenman Bernie Madoff gebruikte het geld dat banken en miljonairs hem toevertrouwden om zijn andere klanten uit te betalen. Deze praktijk staat bekend als Ponzifraude, genoemd naar de oplichter Charles Ponzi. Madoffs klanten werden jarenlang misleid door de gestage – maar valse! – opbrengsten. De *Securities and Exchange Commission*, bevoegd voor het toezicht op financiële diensten, negeerde verschillende waarschuwingen over het fonds van Madoff. [6] Toen de fraude uiteindelijk aan het licht kwam, hadden zijn klanten zo'n 17,5 miljard dollar verloren. [7]

Institutionele beleggers zijn ook niet immuun tegen verkeerde investeringen. De financiële kennis van de beheerders van het Libische staatsfonds werd door Goldman Sachs-medewerkers omschreven als "onbestaand". Eén bankier schepte op dat hij "een promopraatje over gestructureerde hefboomleningen had gehouden voor iemand die met zijn kamelen in het midden van woestijn leeft". [8]

Voor de schuldencrisis van 2008 hadden Duitse deelstaatbanken [9], Noorse gemeenten [10] en vele andere overzeese investeerders een onverzadigbare appetijt voor herverpakte Amerikaanse hypotheekleningen. De kopers deden hun huiswerk niet en moesten daar achteraf de gevolgen van dragen.

Bij kop winnen wij, bij munt verliest iemand anders

Banken gebruiken deposito's als hefboom voor het kapitaal van hun aandeelhouders. Zolang de activa van een bank het goed doen, verdienen de aandeelhouders een hoog rendement op hun investering. De verloning van bestuurders hangt vaak af van de beurskoers van de onderneming. Directeurs worden dus geprikkeld om zo groot mogelijke winsten na te streven. Wanneer de verliezen jaren later erger blijken te zijn dan verwacht, kan het zijn dat er niet genoeg geld is om alle deposito's terug te betalen. In zo'n gevallen moet de overheid de failliete bank redden. Ondertussen blijven de dikke bonussen en pensioenen van de personen die verantwoordelijk waren voor de buitensporige risico's buiten schot.

Handelaars bij investeringsbanken kunnen eigenhandig hun bedrijf de dieperik injagen. Soms omzeilt zo'n bankier de interne regels zodat hij een veel grotere handelspositie kan innemen dan toegelaten is. De Fransman Jérôme Kerviel was zo iemand. Als effectenhandelaar bij Société Générale ging Kerviel ver over de toegestane limieten. SocGen verloor maar liefst 4,9 miljard euro bij het terugdraaien van de speculatieve posities. [11] Kerviel verdedigde zich door te stellen dat zijn manager op de hoogte was van wat hij deed, maar dat men bewust de andere kant op keek zolang de transacties winstgevend waren.

Illegale praktijken

Hoewel sommige bankpraktijken laakbaar zijn, zijn ze daarom nog niet illegaal. Maar het gebeurt wel degelijk dat banken de wet overtreden en daar ook voor gestraft worden. Een resem schandalen illustreren hoe banken hun klanten afzetten. Of hoe ze transacties uitvoerden voor klanten die ze volgens officiële richtlijnen moesten boycotten.

Tussen 2009 en 2015 moesten grote banken maar liefst voor 235 miljard dollar aan boetes en schikkingen betalen. [12] Bank of America alleen al moest 68 miljard dollar ophoesten voor haar wanpraktijken met hypotheken. [13] Bankreus HSBC betaalde in 2012 1,9 miljard dollar om een rechtszaak over haar betrokkenheid in het witwassen van geld voor Mexicaanse drugskartels te vermijden. [14] De Franse grootbank BNP Paribas kreeg in 2015 een boete van 8,9 miljard dollar omdat ze de sancties tegen Cuba, Soedan en Iran geschonden had. [15] Toezichthouders beboetten een groep banken voor het manipuleren van Libor (de *London Interbank Offered Rate*), een belangrijke rentevoet. [16] De lijst met schandalen is lang.

Het is opmerkelijk dat aanklagers voornamelijk de banken vervolgden, in plaats van de individuen die de feiten pleegden. De miljardenboetes werden betaald uit de winsten van de banken. Onrechtstreeks waren de aandeelhouders dus de dupe, terwijl zij geen controle hadden over de inbreuken. Kleine aandeelhouders en mensen wiens pensioenfonds investeerde in bankaandelen werden zo gestraft voor het wangedrag van enkele bankiers.

Slechts in een paar gevallen kwamen individuen voor de rechter. Bernie Madoff werd veroordeeld tot 150 (geen typfout!) jaar gevangenis. [7] Een rechtbank in Parijs gaf Jérôme Kerviel een celstraf van vijf jaar. Bovendien moest hij het verlies van 4,9 miljard euro terugbetalen. [11] Latere uitspraken reduceerden zijn boete tot een miljoen euro. Een aantal IJslandse bankiers draaiden de cel in voor het manipuleren van de markt. [17]

IJsland was echter de uitzondering op de regel dat bankbestuurders niet voor de rechter moesten verschijnen, laat staan dat ze schuldig bevonden werden. Er zijn meerdere verklaringen waarom bankiers er zonder kleurscheuren vanaf kwamen. Het houdt financieel meer steek om banken te vervolgen dan bankiers. Financiële instellingen zijn in staat om enorme boetes te betalen. Bovendien is het moeilijk een schuldige aan te wijzen in complexe organisaties zoals banken. Een derde reden is de hechte relatie tussen bankiers en politici.

Het financieel-politiek complex

Draaideuren

Toppolitici vinden vaak een lucratieve job in de financiële sector. Omgekeerd worden bankiers regelmatig leiders in de publieke sector. Er is een zogenaamde *draaideur* tussen banken en de politiek.

Na zijn politieke carrière werd de voormalige Nederlands minister van Financiën Gerrit Zalm voorzitter van ABN Amro. [18] De Franse president Emmanuel Macron heeft een verleden bij investeringsbank Rothschild. [19] Jaren voor hij eerste minister van België werd, zat Elio Di Rupo in de raad van bestuur van Dexia. [20] Timothy Geithner, minister van Financiën in de eerste regering-Obama, trad later in dienst bij een investeringsmaatschappij. [21] Nadat de Britse eerste minister Tony Blair zijn ambtswoning in 10 Downing Street verliet, ging hij twee miljoen pond per jaar verdienen als deeltijds adviseur voor de bank JP Morgan. [22]

Discussies over draaideuren kunnen niet voorbij aan Goldman Sachs. Mario Draghi, het hoofd van de Europese Centrale Bank, werkte vroeger voor de Amerikaanse zakenbank. [23] José Manuel Barroso, die van 2004 tot 2014 voorzitter was van de Europese Commissie, ging in 2016 aan de slag bij Goldman. [24] 'Government Sachs' is een kweekvijver voor ministers van Financiën van de Verenigde Staten. Henry Paulson bekleedde de functie tijdens de financiële crisis van 2008. Voor hij toetrad tot de regering was Paulson CEO van Goldman Sachs. [25] Ook Rubert Rubin, Amerikaans financiënminister in de jaren 1990, had voordien bij de befaamde bank gewerkt. [26] Hetzelfde geldt voor Steve Mnuchin, die in 2017 aangesteld werd door president Trump. [27]

Het vooruitzicht om na de politiek poen te scheppen bij een bank is een stevige prikkel om de financiële sector met fluwelen handschoenen aan te pakken. Persoonlijke relaties stemmen wetgevers wellicht milder voor bankiers. De verstrengeling van politici en de bankensector zorgt er voor dat onderzoekscommissies bancaire wanpraktijken niet tot op het bot onderzoeken. Ze zouden immers betrokkenheid van partijgenoten aan het licht kunnen brengen. Niets van het voorgaande is directe corruptie. Maar de draaideur tussen de openbare en de financiële sector creëert wel een klimaat waarin banken een voorkeursbehandeling krijgen.

Sympathiserende regelgevers

Er wordt vaak gezegd dat banken *too big to fail* zijn, te groot om failliet te gaan. Op 15 september 2008 lieten Amerikaanse overheidsinstanties de bank Lehman Brothers bankroet gaan. Het gevolg was een wereldwijde paniek. In de weken na de val van Lehman werden regeringen in Europa en de VS gedwongen om de grootste banken in hun landen te redden. Niemand durfde het risico te nemen dat het financieel systeem op een chaotische manier in elkaar zou storten.

De nasleep van de bankencrisis van 2008 wordt de Grote Recessie genoemd, naar analogie met de Grote Depressie van de jaren 1930. Het aantal werklozen steeg en de economie groeide trager dan voorheen. Overheidsschulden namen toe door het redden van banken en door pogingen om de economie te stabiliseren.

Hoe waren banken een systeemrisico geworden? Waarom grepen regelgevers niet vroeger in? Dan waren de banken en de risico's die ze namen wellicht binnen de perken gebleven. Om deze vragen te beantwoorden moeten we rekening houden het feit dat regelgevers geloofden dat bankiers wisten waar ze mee bezig waren. Men wees op schaalvoordelen om de consolidatie van kleine banken tot enkele bankreuzen te rechtvaardigen.

De Engelse term *regulatory capture* beschrijft het fenomeen waarbij regelgevers de industrie die ze zouden moeten controleren gaan verdedigen. Het schrappen van regels en vertrouwen op het eigenbelang van bankiers en aandeelhouders is een gevaarlijke strategie voor de maatschappij.

Alan Greenspan, die van 1987 tot 2006 aan het hoofd stond van de Federal Reserve (de Amerikaanse centrale bank), is het school-voorbeeld van een voorstander van deregulering. Zijn ideologie dicteerde dat de vrije markt er wel voor zou zorgen dat Wall Street zichzelf zou reguleren. Tijdens het bewind van Greenspan werd in de Verenigde Staten de Glass-Steagall wet ingetrokken. [28] Die wet legde beperkingen op aan de grootte van Amerikaanse banken. Glass-Steagall was in de Depressie van de jaren 1930 ingevoerd als reactie op de golf bankfaillissementen.

Brooksley Born, het hoofd van de Amerikaanse *Commodity Futures Trading Commission*, probeerde in de jaren 1990 de handel in deri-vaten te beteugelen. Alan Greenspan en Robert Rubin ondermijnden haar voorstellen. Het Congres verhinderde dat Borns agentschap regels zou kunnen opstellen voor de derivatenmarkt. [29] Tijdens een ondervraging in de Huis van Afgevaardigden gaf Greenspan toe dat hij een fout gevonden had in zijn wereldbeeld. [30]

Soms is de invloed van banken op wetgeving nog explicieter. In 2013 stemde het *House Financial Services Committee* voor een wet die deels geschreven was door lobbyisten van Citigroup, een grote Amerikaanse bank. [31] In de Verenigde Staten schenken banken geld aan de verkiezingscampagnes van de twee grote partijen in de verwachting iets terug te krijgen.

Dit boek

Na het lezen van de vorige secties lijkt het een mirakel dat mensen hun geld nog durven toevertrouwen aan bankiers. In de praktijk weten we wel dat de financiële wereld meer te bieden heeft dan schandalen en wanpraktijken. Toch zijn er maar weinig bankklan-ten die kunnen uitleggen wat die bankiers nu eigenlijk precies doen.

In de nasleep van de bankencrisis van 2008 werden er een hele-boel boeken gepubliceerd over de problemen met banken. Wat ont-breekt is een boek dat antwoord geeft op vragen waar veel geïnte-resseerden mee worstelen. Welke diensten leveren bankiers iedere dag aan hun klanten? Hoe verdienen banken geld? Waarom zijn er centrale banken? Welke rol speelt de politiek in de financiële sector? Wat is het verschil tussen aandelen en obligaties? Wat doen zaken-bankiers? Wat is het verschil tussen bankieren en verzekeren? Wat betekent BBP? Kan het dat sparen of schulden aflossen slecht is voor de economie? En wat bedoelen economen met helikoptergeld?

Toen ik voor een bank werkte, volgde ik soms vol verbazing de mediaberichten over de financiële sector. Regelmatig deden bekende economen ronduit foute uitspraken over monetaire onderwerpen. Hoe zou het grote publiek ooit kunnen snappen hoe de vork in de steel zit, als economen het al niet begrepen?

Daarom besloot ik om de ontbrekende inleiding tot bankieren dan maar zelf te schrijven. Dit boek beantwoordt de vragen hierboven en nog vele andere. Het mikt op iedereen die geïnteresseerd is in de financiële wereld. Nieuws over belastingparadijzen, schaduwbanken, monetair beleid, hefbomen of derivaten zal niet langer Chinees zijn voor de lezer. Bankieren is geen magie.

Het menselijk element in geldzaken is een rode draad doorheen dit boek. Ik stel de financiële wereld zoals ze is, bevolkt door mensen van vlees en bloed. Sommigen zijn fraudeurs. Maar de meesten proberen zo goed mogelijk hun job te doen.

Enkele opmerkingen over stijl en structuur

Economen en journalisten die schrijven voor het brede publiek gebruiken vaak metaforen om financiële concepten uit de doeken te doen. Bijvoorbeeld: 'Goedkoop krediet is als heroïne. Het werkt verslavend en de economie kan er een overdosis van krijgen.' Dat klinkt goed op papier, maar wat betekent zo'n uitspraak nu eigenlijk?

Studieboeken gebruiken nauwkeurigere beschrijvingen. Maar doordat ze te wiskundig zijn, spreken ze het grote publiek niet aan. Ik heb geprobeerd om dit boek toegankelijk te houden voor lezers zonder economische voorkennis. Begrippen worden vanaf nul uitgelegd. Financieel jargon is tot een minimum beperkt. Fundamentele ideeën worden geïllustreerd met behulp van eenvoudige numerieke voorbeelden en tekeningen.

De tekst wordt verrijkt door anekdotes en cijfers. Dankzij de lange geschiedenis van banken had ik veel voorbeelden om uit te kiezen. Maar de focus van dit boek ligt toch op de tijdloze principes die de basis vormen van bankieren, los van hoe ze in de praktijk gebracht worden.

Elk onderwerp komt aan bod in een hapklaar hoofdstuk. De hoofdstukken met een gelijkaardig thema zijn in zeven delen gegroepeerd. De eerste drie delen van het boek beschrijven de diensten van financiële instellingen voor individuele klanten. Delen vier tot en met zes kijken naar monetaire fenomenen in de volledige economie. Deel zeven is speculatiever. In dat deel probeer ik namelijk te voorspellen hoe bankieren in de toekomst zal evolueren.

DEEL I | HOE BANKEN GELD SCHEPPEN

Betalingen

Wanneer was de laatste keer dat je een bankdienst gebruikte? Was het voor een krediet of beleggingsadvies? Nee. Hoogstwaarschijnlijk was het toen je een betaling deed. Meestal rekenen we op de betaalsystemen van banken in plaats van cash te betalen.

Om te begrijpen hoe bankbetalingen werken, zullen we enkele simpele voorbeelden bekijken. De voorbeelden introduceren de basisideeën en tonen de relaties tussen banken en hun klanten.

Veronderstel dat er een vaste hoeveelheid fysiek, officieel geld bestaat. Iedereen is vertrouwd met cash in de vorm van stukken papier en metaal. Bankbiljetten en muntstukken hebben een nominale waarde gelijk aan het getal en de munt die erop gedrukt is. Een stuk van één euro is bijvoorbeeld één euro waard omdat er 1€ op staat.

Denk aan een eiland met drie bewoners. Samen hebben ze 100€. Voor het gemak noemen we de eilandbewoners Amber, Bob en Charlotte. Amber heeft 80€ en Charlotte bezit 20€. Bob heeft geen geld, maar wel een kluis en een notitieboek.

We kunnen deze situatie samenvatten met balansen. Een balans geeft een overzicht van wat iemand bezit en wat hij verschuldigd is aan anderen. Een balans kan schematisch voorgesteld worden met een *T-figuur*. De bezittingen, door boekhouders *activa* genoemd, staan aan de linkerkant van de T.

Figuur 1 toont de financiële activa op de balansen van Amber, Bob en Charlotte.

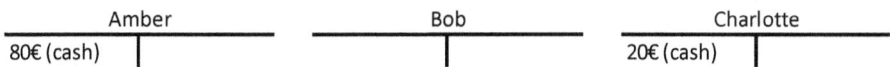

Amber	Bob	Charlotte
80€ (cash)		20€ (cash)

Figuur 1:De balansen van Amber, Bob en Charlotte in de vorm van T-figuren. De activa van Amber en Charlotte bestaan uit cash.

Bob stelt voor de cash van Amber en Charlotte veilig te bewaren in zijn kluis. In zijn boek noteert Bob de balansen zoals in figuur 2. Aan de rechterkant van Bobs balans staat een herinnering dat hij geld verschuldigd is aan Amber en Charlotte. Die verplichtingen worden *passiva* genoemd. Het bijhouden van activa en passiva is de essentie van dubbel boekhouden.

Amber		Bob		Charlotte	
80€ (deposito bij Bob)		100€ (cash)	80€ (Amber) 20€ (Charlotte)	20€ (deposito bij Bob)	

Figuur 2: Bob bewaart de cash van Amber en Charlotte. De activa van Bob zijn even groot als de verplichtingen die hij heeft tegenover Amber en Charlotte.

Bob heeft nu activa ter waarde van 100€. Zijn passiva zijn met hetzelfde bedrag gestegen. Het netto-vermogen van Bob, dat je kan berekenen door zijn passiva af te trekken van zijn activa, is nog steeds nul euro. Amber en Charlotte zijn ook niet armer of rijker. Amber heeft nu een deposito van 80€. Charlotte heeft een deposito van 20€. Ze kunnen hun cash afhalen bij Bob wanneer ze dat willen. Zoals je al geraden hebt, vervult Bob de rol van bank op het eiland. De passiva van Bob zijn de bankrekeningen van zijn klanten.

Figuur 3 toont hoe Amber Charlotte kan betalen. Amber haalt 5€ van haar rekening bij Bob en geeft het geld aan Charlotte. Vervolgens deponeert Charlotte de cash op haar eigen rekening.

Amber		Bob		Charlotte	
80€ (rekening)		100€ (cash)	80€ (Amber) 20€ (Charlotte)	20€ (rekening)	

Amber		Bob		Charlotte	
75€ (rekening) 5€ (cash)		95€ (cash)	75€ (Amber) 20€ (Charlotte)	20€ (rekening)	

Amber		Bob		Charlotte	
75€ (rekening)		95€ (cash)	75€ (Amber) 20€ (Charlotte)	20€ (rekening) 5€ (cash)	

Amber		Bob		Charlotte	
75€ (rekening)		100€ (cash)	75€ (Amber) 25€ (Charlotte)	25€ (rekening)	

Figuur 3: Amber betaalt 5€ aan Charlotte. Amber haalt cash af bij Bob en geeft het aan Charlotte. Charlotte deponeert het geld op haar eigen bankrekening.

Cashbetalingen zijn echter niet altijd even praktisch. Stel je voor dat je iedere maand naar het hoofdkantoor van de elektriciteitsmaatschappij zou moeten gaan om je stroomfactuur te betalen. Of dat je een brief vol cash naar China zou moeten zenden telkens je online een Chinese gadget koopt.

De balansen onderaan figuur 3 tonen dat Bob eindigt met 100€ cash, net als bovenaan de figuur. Enkel de verdeling van Bobs passiva veranderd door de betaling. Dit suggereert dat Amber en Charlotte eigenlijk de fysieke uitwisseling van baar geld kunnen overslaan. Amber kan even goed aan Bob de opdracht geeft om 5€ van haar saldo af te trekken en dat bedrag op de rekening van Charlotte te zetten.

Hoe worden banken betaald voor de betaaldiensten die ze aanbieden? Betaalterminals in winkels zijn een concreet voorbeeld van zo'n betaaldienst. Bob kan kosten aanrekenen telkens zijn klanten een betaling ontvangen. Stel dat Bob 1% krijgt van het bedrag dat Charlotte ontvangt. In het voorbeeld van figuur 3 verdient Bob dan 0,05€.

Het is niet zo dat Bob vijf cent overschrijft van Charlotte's rekening naar de zijne. Bankrekeningen zijn verplichtingen van de bank tegenover haar klanten. Het houdt geen steek dat de bank schulden aan zichzelf zou hebben. Nee, Bob rekent kosten aan door het geld van de rekening van Charlotte te wissen. Wanneer we Bob's passiva aftrekken van zijn activa, heeft hij nu netto 0,05€. Zo verandert het eigenaarschap van de activa van Bob. Figuur 4 toont de balansen nadat Bob vergoed werd voor zijn betaalservice.

Amber	Bob		Charlotte	
75€ (rekening)	100€ (cash)	75€ (Amber)	24,95€	
		24,95€ (Charlotte)	(rekening)	

Figuur *4*: Bob trekt vijf cent af van het bedrag op Charlotte's rekening als vergoeding voor zijn betaaldiensten.

Betekent dit dat Bob na verloop van tijd alle cash in zijn kluis zal bezitten? Helemaal niet. Banken geven zelf ook geld uit aan lonen, gebouwen, computersystemen, reclame, lobbyisten, belastingen, enzovoort. Wanneer een bank iemand betaalt, verhoogt de bank het bedrag op de rekening van de ontvanger. Omdat de passiva van de bank stijgen, vermindert haar netto-vermogen.

Het klinkt misschien vreemd dat banken geen interne rekening hebben waar hun eigen geld op staat. Neem zelf de proef op de som als je het niet gelooft. Wanneer je een overschrijving ontvangt, vermeldt het bankafschrift het rekeningnummer van de betaler. Maar wanneer de bank je betaalt (bijvoorbeeld de interest op een spaarrekening), dan staat er geen rekeningnummer van de tegenpartij op het afschrift.

In alle voorbeelden tot nog toe was er maar één bank. De meeste betalingen gebeuren echter tussen partijen die elk een rekening hebben bij een andere bank. Stel dat Charlotte klant is bij bankier Bart. Figuur 5 toont hoe een betaling van 5€ van Amber aan Charlotte verwerkt wordt. Bob trekt 5€ af van Ambers rekening en hij geeft 5€ cash[1] aan Bart. De activa van Bart stijgen dus met vijf euro. Tegelijk voegt Bart 5€ toe aan de rekening van Charlotte op zijn passiva.

Amber	Bob		Bart		Charlotte
80€ (rekening bij Bob)	80€ (cash)	80€ (Amber)	20€ (cash)	20€ (Charlotte)	20€ (rekening bij Bart)

Amber	Bob		Bart		Charlotte
75€ (rekening bij Bob)	75€ (cash)	75€ (Amber)	25€ (cash)	25€ (Charlotte)	25€ (rekening bij Bart)

Figuur 5: Een betaling tussen klanten van verschillende banken. Amber betaalt 5€ aan Charlotte via hun respectieve bankiers, Bob en Bart. Bob trekt 5€ af van Charlotte's rekening en geeft Bart de opdracht om 5€ toe te voegen aan de rekening van Charlotte. De balansen van de bankiers blijven in evenwicht omdat Bob 5€ cash overhandigt aan Bart.

Echte banken verwerken miljoenen betalingen per dag. Het zou niet praktisch zijn mochten ze bij iedere transactie van hun klanten cash uitwisselen. In plaats daarvan hebben banken correspondentrekeningen bij andere financiële instellingen. Neem opnieuw bankiers Bob en Bart als voorbeeld. De betalingen van hun rekeninghouders zorgen voor een constante in- en uitstroom van geld. Op het eind van de dag hebben Bobs klanten 165 euro overgeschreven naar Barts bank. Bobs klanten hebben gezamenlijk 160 euro ontvangen vanop rekeningen bij Bart. Deze situatie wordt geïllustreerd in figuur 6.

Bob		Bart	
160€ (Bart)	165€ (Bart)	165€ (Bob)	160€ (Bob)

Figuur 6: Bankiers Bob en Bart hebben correspondentrekeningen bij elkaar. Bart heeft een nettovordering van 5€ op Bob. Andere componenten van de balansen (cash, deposito's) zijn weggelaten.

---

1   Betalingen tussen banken worden eigenlijk niet afgehandeld met cash, maar met centrale-bankreserves. In het hoofdstuk over centrale banken wordt uitgelegd wat centrale-bankreserves precies zijn.

De bankiers hebben 160€ aan activa en passiva bij elkaar opge-bouwd. Die brutobedragen kunnen ze wegstrepen. Netto moet Bob dan nog vijf euro betalen aan zijn collega.

Merk overigens op dat het bestaan van correspondentrekeningen niet in tegenspraak is met het feit dat banken geen interne rekenin-gen met eigen geld hebben. De activa op de correspondentrekening staan bij een andere financiële instelling.

Krediet creëert geld

Bankleningen zijn bijzonder

Banken doen meer dan deposito's accepteren en betalingen verwerken. Hun belangrijkste activiteit is geld lenen.

Net zoals je cash kan betalen zonder dat er een bank aan te pas komt, hebben banken geen monopolie op leningen.

Stel dat David geen activa of passiva heeft. Hij wil 40€ lenen. Amber is niet van plan haar 75€ op korte termijn uit te geven. Daarom geeft ze 40€ aan David. Ze komen overeen dat hij het geld later zal terugbetalen.

Hoewel Amber nu 40€ minder cash heeft, bezit ze nu een schuldbewijs waarin David belooft 40€ te betalen. De schuld van David aan Amber komt op zijn passiva te staan. Als iedereen zijn of haar geld bij Bob op de bank laat staan, toont figuur 7 de balansen van Amber, Bob en David voor (boven) en na (onder) het toekennen van de lening.

Merk op dat de lening van Amber aan David niets verandert aan de totale passiva van de bank.

Amber		Bob		David	
75€ (rekening)		100€ (cash)	75€ (Amber)		
			25€ (Charlotte)		

Amber		Bob		David	
35€ (rekening)		100€ (cash)	35€ (Amber)	40€ (rekening)	40€ (schuld)
40€ (lening)			25€ (Charlotte)		
			40€ (David)		

Figuur 7: David leent 40€ van Amber. De lening hoort bij de activa van Amber en de passiva van David. David bewaart het geld op een rekening bij Bobs bank.

In de praktijk gebeurt het niet zo vaak dat privépersonen geld lenen van elkaar. Daar zijn banken voor. Banken verstrekken krediet voor een brede waaier activiteiten. Via kredietkaarten lenen ze kleine bedragen aan consumenten. Gezinnen financieren hun woning met een hypotheeklening. Bedrijven lenen geld om hun personeel te betalen wanneer ze krap bij kas zitten. Of om te kunnen investeren in nieuwe gebouwen en materiaal.

Er is een wezenlijk verschil tussen de kredietcreatie door banken en leningen verstrekt door niet-banken. Dat verschil ontdekken we door de balansen onder de loep te nemen.

David leent 40€ van Bobs bank. Net als in het vorig voorbeeld resulteert dit in een schuld voor David. De lening komt bij de activa van kredietverstrekker Bob. Het verschil zit hem in het feit dat Bob 40€ toevoegt aan de bankrekening van David. We zagen in het eerste hoofdstuk dat banken zo hun cliënten betalen. De balansen van Bob en David voor en na het toekennen van de lening worden getoond in figuur 8.

Bob		David	
100€ (cash)	75€ (Amber)		
	25€ (Charlotte)		

Bob		David	
100€ (cash)	75€ (Amber)	40€ (rekening)	40€ (schuld)
40€ (lening)	25€ (Charlotte)		
	40€ (David)		

Figuur *8*: David leent 40€ van bankier Bob. De lening wordt toegevoegd aan de activa van Bob. Bob's passiva stijgen met hetzelfde bedrag, aangezien Bob 40€ op de rekening van David schrijft.

Vergelijk figuur 8 met figuur 7. Wanneer een niet-bank, Amber in figuur 7, een lening verstrekt, ruilt ze één actief (haar geld) voor een ander (de lening). Wanneer een bank een lening verstrekt, stijgen diens activa en passiva. *De totale hoeveelheid geld op de rekeningen van de bankklanten groeit.* Dat betekent ook dat de één-op-één correspondentie tussen de cash activa van de bank en haar passiva verbroken wordt. Mochten Amber, Charlotte en David allemaal hun rekeningen willen leeghalen, dan zou Bob niet genoeg cash hebben om aan hun vraag te voldoen.

We vinden het vanzelfsprekend dat we het geld op onze bankrekening kunnen afhalen in cash aan de geldautomaat. En omgekeerd dat de bank de briefjes die we binnenbrengen omzet in een getal op onze rekening. Maar strikt genomen zijn cash en *bankgeld* (passiva van de bank) niet hetzelfde. Banken scheppen nieuw bankgeld door leningen te verstrekken.

Hoe banken geld verdienen met leningen

Wanneer Bob een lening verstrekt aan David, maakt bankier Bob geld voor zijn cliënt. Maar hoe verdient Bob zelf geld aan deze dienst? Bob wordt er op het eerste zicht niet rijker door, aangezien zijn extra passiva (40€ op Davids rekening) gelijk zijn aan de nieuwe activa (de lening van 40€).

Eerst introduceren we enkele begrippen. Een kredietovereenkomst tussen de bank en de ontlener legt een aantal zaken vast. Natuurlijk wordt het geleende bedrag, de hoofdsom, afgesproken.

De twee partijen stellen ook een terugbetalingsschema op. Bij een 'bulletkrediet' moet de hoofdsom terugbetaald worden op de einddatum van de lening. Bij een lening op afbetaling daarentegen wordt de hoofdsom in stukjes afgelost. De betalingen gebeuren dan op regelmatige tijdstippen tijdens de looptijd van het contract. Hypotheekleningen werken vaak met een maandelijkse aflossing.

Tenslotte wordt de rente of interest bepaald. De rente is het geld dat de kredietnemer moet betalen aan de kredietverstrekker bovenop de hoofdsom. De rente wordt berekend als percentage van de hoofdsom.

Laat ons verdergaan met het voorbeeld van Bob en David. Stel dat David de lening in één keer moet terugbetalen op de einddatum, één jaar nadat het contract getekend werd. Bob rekent een rente van 5% aan op de hoofdsom van 40€. De interest bedraagt dus twee euro.

Vervolgens geeft David de 40€ die hij leende uit in de winkel van Charlotte. Op het eind van het jaar heeft David 45€ op zijn rekening. Dat geld verdiende hij door te werken voor Amber. Om alles zo simpel mogelijk te houden, zijn er geen andere transacties geweest. Figuur 9 toont de balansen van Bob en David op de einddatum van de lening. David moet de hoofdsom van 40€ plus 2€ rente betalen aan de bank.

Bob		David	
100€ (cash)	30€ (Amber)	45€ (rekening)	40€ + 2€ (schuld)
40€ + 2€ (lening)	65€ (Charlotte)		
	45€ (David)		

Figuur *9*: Activa en passiva op de einddatum van de lening. David moet de hoofdsom van 40€ plus 2€ rente betalen aan de bank. Zie de tekst voor de uitleg van hoe de getallen op de rekeningen wijzigden.

De lening wordt vereffend in figuur 10. Bob verwerkt de schuldaflossing door 42€ te verwijderen van Davids rekening. Net zoals in figuur 4 ontvangt de bank geld door haar passiva aan de schuldenaar te verminderen. Aangezien Bob niet langer een vordering heeft op David, verdwijnt de lening van de balans. Door Bobs passiva af te trekken van zijn activa, zien we dat de bank twee euro verdiend heeft met de lening aan David.

Bob		David	
100€ (cash)	30€ (Amber)	3€ (rekening)	
	65€ (Charlotte)		
	3€ (David)		

Figuur *10*: Balansen nadat de lening terugbetaald is. Bankier Bob heeft 2€ rente verdiend.

Betalingen tussen banken herbekeken

Hoe meer krediet banken verstrekken, hoe meer bankgeld ze creëren. Als de hoeveelheid cash vastligt, zal het volume bankgeld veel groter worden dan de officiële geldactiva die de banken in kas hebben. Maar we zagen in figuur 5 dat transacties tussen financiële instellingen afgehandeld worden in cash. Wanneer rekeninghouders teveel geld overschrijven naar andere banken, zal de bank zonder cash vallen.

Figuur 11 toont de balansen van bankiers Bob en Bart. Bob heeft een relatief grote hoeveelheid cash, terwijl Bart er geen heeft. Hoe kan Bart blijven werken?

Bob		Bart	
100€ (cash)	300€ (deposito's)	0€ (cash)	500€ (deposito's)
200€ (leningen)		500€ (leningen)	

Figuur *11*: Balansen van twee banken. Bob heeft cash, Bart niet.

Bart kan geld lenen van Bob. De cash van Bob zijn activa die geen inkomsten genereren. Door een deel uit te lenen, kan Bob een hoger rendement behalen. Banken met veel deposito's ten opzichte van hun kredieten hebben meer cash dan ze nodig hebben. Ze lenen het geld uit aan banken met een tekort aan cash. Leningen tussen banken hebben meestal korte looptermijnen van minder dan een week.

Bart kan ook cash ophalen door een deel van zijn kredietportefeuille te verkopen aan Bob. Figuur 12 toont de balansen van figuur 11 na een interbancaire lening (boven) en een verkoop van activa (onder).

Bob		Bart	
50€ (cash)	300€ (deposito's)	50€ (cash)	500€ (deposito's)
200€ (leningen)		500€ (leningen)	
50€ (Bart)			50€ (Bob)

Bob		Bart	
50€ (cash)	300€ (deposito's)	50€ (cash)	500€ (deposito's)
250€ (leningen)		450€ (leningen)	

Figuur *12*: Twee oplossingen voor het cashtekort van Bart (zie figuur 11). In de bovenste figuur heeft Bob 50€ geleend aan Bart. In de balansen onderaan heeft Bart een deel van zijn kredietportefeuille verkocht aan Bob om aan cash te raken.

32

Wanbetalers

Bankieren is bedrieglijk eenvoudig. Geef een lening aan wie er één wil en laat de rente binnenstromen. Er is echter iets waar je aan moet denken voor je je job opzegt om voltijds bankier te spelen.

Als David het geld niet terugbetaalt, is de lening op Bobs activa (zie figuur 8) waardeloos. Maar de verplichtingen van de bank aan Amber en Charlotte blijven natuurlijk staan. De passiva van Bob zijn groter dan zijn activa. Bob slikt dus een verlies op de slechte lening.

Het risico dat een ontlener zijn verplichtingen aan de kredietverstrekker niet kan nakomen wordt *kredietrisico* genoemd. Banken volgen meerdere strategieën om hun kredietrisico's in te perken.

Ten eerste beoordelen kredietanalisten de kredietwaardigheid van kandidaat-ontleners. Ze controleren als het inkomen van de ontlener voldoende hoog is om de lening te kunnen afbetalen. Daarvoor worden ook hun andere uitgaven in rekening gebracht. Personen met vast werk hebben een voorspelbaarder inkomen dan wie een tijdelijk contract heeft. De bankiers moeten ook weten als de cliënt reeds andere schulden heeft. Gezinnen en bedrijven die zwaar in de schulden zitten hebben een beperkte capaciteit om nieuwe leningen af te betalen.

Een ander element dat de kredietanalist meeneemt in zijn beslissing is de financiële voorgeschiedenis van de cliënt. Iemand die vorige leningen heeft terugbetaald is waarschijnlijk kredietwaardiger dan een herhaaldelijke wanbetaler. In de Verenigde Staten geven financiële instellingen kredietscores aan particulieren op basis van hun financieel gedrag uit het verleden. Een hogere kredietscore geeft aan dat het kredietrisico van de klant lager ligt.

De rentevoet op een lening hangt af van de risico's die de kredietverstrekker loopt. Bankiers schatten op basis van historische gegevens de verliezen die ze kunnen verwachten voor bepaalde categorieën ontleners. Zo kan het bijvoorbeeld dat cafés en restaurants een grotere kans lopen om failliet te gaan dan andere bedrijven. In dat geval is het logisch dat banken een hogere rente eisen op leningen aan horecazaken. De hogere rentevergoeding compenseert de verliezen die banken lijden als gevolg van leningen aan bedrijven die bankroet gaan.

Bij bedrijfsleningen wordt vaak een convenant toegevoegd. Het convenant lijst een aantal voorwaarden op waaraan de ontlener moet voldoen. Zo'n document geeft de bank extra controle over de kredietnemer. Het convenant kan bijvoorbeeld vastleggen dat de verhouding van het inkomen van de ontlener tot zijn rentekosten niet onder een bepaalde drempel mag zakken. Wanneer het convenant geschonden wordt, heeft de bank het recht de onmiddellijke terugbetaling van de lening te eisen.

Een bank kan ook bijkomende zekerheid inbouwen door een onderpand te eisen. De waarde van het onderpand - een eigendom van de ontlener - garandeert dat de bank haar geld zal terugzien. Bij een faillissement wordt beslag gelegd op het onderpand. Zo kan de gedekte lening eerst terugbetaald worden. Andere schuldeisers moeten afwachten als er nog iets overblijft om hun geld terug te krijgen.

Een hypotheeklening is een voorbeeld van een lening die gedekt wordt door een onderpand, in dit geval een woning. Wanneer de eigenaar zijn hypotheek niet meer kan afbetalen, wordt het huis verkocht. De opbrengsten van de verkoop zorgen ervoor dat de bank de openstaande lening en rente kan terugvorderen.

Het onderpand bestaat overigens niet altijd uit vastgoed. Een terugkoopovereenkomst, beter bekend onder de Engelstalige term *repurchase agreement* of kortweg *repo*, is een gedekte lening tussen banken. De ontlener geeft een obligatie[2] aan de tegenpartij als onderpand. Wanneer de kredietnemer het geld dat hij kreeg niet kan terugbetalen op de afgesproken datum, wordt de kredietverstrekker de eigenaar van de obligatie.

Banken kunnen voorts hun kredietrisico inperken met een garantie. Een derde partij belooft om de schuld af te lossen indien de ontlener failliet gaat. Een bankier die aarzelt om een lening toe te kennen aan een bedrijf, kan misschien overtuigd worden wanneer de bedrijfsleider zich garant stelt met zijn persoonlijk vermogen. Exportkredietverzekeraars zoals het Belgische Delcredere of de Amerikaanse *Export-Import Bank of the United States* garanderen kredieten van buitenlandse kopers.

---

2   Een obligatie is een soort verhandelbare lening. Er is een volledig hoofdstuk over obligaties in Deel II.

Niet weglopen!

Wanneer een ontlener een krediet krijgt, zal die normaal gezien het geld uitgeven. De bank krijgt de belofte dat de lening later terugbetaald zal worden. Maar intussen hebben depositohouders op elk moment het recht om hun geld af te halen van de bank. De bank stelt zich dus bloot aan liquiditeitsrisico: het risico dat ze niet genoeg geld in kas heeft om haar rekeninghouders te betalen.

Over het algemeen kunnen bankiers er op rekenen dat spaarders hun geld op de bank willen laten staan. Niet iedereen wil zijn of haar geld op hetzelfde moment uitgeven. Daardoor zijn spaarrekeningen een stabiele financieringsbron voor banken. Deze rekeningen zijn passiva die niet sterk fluctueren. Om ervoor te zorgen dat hun klanten niet plots zouden paniekeren en massaal hun geld afhalen in een bankrun, cultiveren banken een imago van stabiliteit en betrouwbaarheid. Bovendien betalen banken normaal gezien rente op deposito's. Dat maakt geld op de bank houden aantrekkelijker dan thuis grote hoeveelheden cash te bewaren.

Maar dat neemt niet weg dat eigenaars van zicht- en spaarrekeningen het recht hebben om hun geld af te halen wanneer ze dat willen. Wanneer banken meer kortetermijnpassiva hebben dan baar geld, bestaat de kans dat hun geldvoorraad zal opraken.

Er is echter een betere manier om liquiditeit te managen dan een kaarsje branden opdat rekeninghouders niet massaal hun geld zouden afhalen. Banken kunnen de timing van de gelduitstroom controleren door spaarproducten met een langere looptijd aan te bieden. In ruil voor een iets hogere rente gaat de klant akkoord dat ze haar geld gedurende een bepaalde periode niet kan opvragen. Een termijnrekening is een voorbeeld van zo'n spaarproduct. Het geld in een termijnrekening staat maanden of jaren vast. Op die manier zorgt de bank ervoor dat de looptijden van haar activa en passiva beter overeenkomen.

Figuur 13 illustreert hoe Bob zijn bank beschermt tegen liquiditeitsrisico. David heeft de 40€ die hij leende van Bob afgehaald van diens bank. Bovenaan figuur 13 zie je dat Amber en Charlotte op ieder moment het geld op hun zichtrekeningen kunnen terugvragen. Stel dat Bob een half procent rente betaalt op de zichtrekeningen. Om zijn liquiditeitsrisico in te dekken, biedt Bob een termijnrekening aan. De termijnrekening heeft een looptijd van één jaar en een rente van twee procent. Amber investeert 40€ van haar spaargeld in de termijnrekening. In de balans onderaan figuur 13 wordt de looptijd van de activa en passiva van de bank getoond.

Bob	
60€ (cash)	75€ (zichtrekening Amber)
	25€ (zichtrekening Charlotte)
40€ (lening aan David, binnen één jaar terug te betalen)	

Bob	
$60 (cash)	$35 (zichtrekening Amber)
	$25 (zichtrekening Charlotte)
$40 (lening aan David, binnen één jaar terug te betalen)	$40 (termijnrekening Amber, looptijd van één jaar)

Figuur *13*: Bankier Bob beheert zijn liquiditeitsrisico. Bovenaan heeft Bob 100€ verplichtingen (zichtrekeningen) die de klanten onmiddellijk kunnen opvragen, terwijl Bob maar 60€ cash bezit. Onderaan heeft Amber 40€ van op haar zichtrekening belegd in een termijnrekening die één jaar loopt. De vervaldag van Bob's passiva matcht met die van zijn activa.

Als we er van uitgaan dat David de hoofdsom (40€) en vijf procent rente (2€) van zijn lening zal betalen, hoeft bankier Bob zich nu geen zorgen meer te maken om zonder cash te vallen. Bob maakt wel minder winst als gevolg van zijn risicobeheer. In het scenario bovenaan figuur 13 is de kost van de passiva[3] gelijk aan 100€ x 0,5% = 0,5€. In het onderste scenario van de figuur kosten de passiva Bob 40€ x 2% + 60€ x 0,5% = 1,1€.

Wanneer we mogelijke kredietverliezen buiten beschouwing laten, dan verdient de bank 2€ - 1,1€ = 0,9€ wanneer het liquiditeitsrisico afgedekt wordt met de termijnrekening. In dit voorbeeld heeft Bob een netto rentemarge van 0,9€/100€ = 0,9%. De netto rentemarge is het verschil tussen de rente ontvangen uit activa en de rente betaald op passiva, gedeeld door de omvang van de balans[4].

Echte banken zijn natuurlijk geen eenmanszaken zoals in de vereenvoudigde voorbeelden met Bob. Financiële instellingen hebben een *treasury*-afdeling die hun liquiditeitsrisico en asset-liability man-

---

3   Gesteld dat de passiva heel het jaar 100€ blijven.

4   In realiteit houden banken een veel kleiner percentage cash aan dan in dit voorbeeld, waardoor de omvang van de kredietportefeuille en de deposito's dichter bij elkaar aansluiten.

agement (ALM) beheert. Zoals de naam ALM aangeeft, zorgen specialisten ervoor dat de looptijd van de activa en passiva op elkaar afgestemd zijn. Ze bewaken ook de rentemarge van de bank.

Dat betekent evenwel niet dat banken al hun leningen matchen met langlopende passiva. Er zijn maar weinig spaarders bereid om hun spaargeld dertig jaar vast te zetten zodat de bank de looptijd van hypotheken kan indekken. Dat is ook niet nodig. De massa geld op spaarrekeningen is voldoende stabiel om er een deel van de leningen mee te financieren.

Gebaseerd op figuur 12 zou je je kunnen afvragen als banken überhaupt wel langetermijndeposito's nodig hebben. Kunnen ze niet gewoon geld lenen bij andere banken wanneer de rekeninghouders hun geld afhalen? Voor de crisis van 2008 redeneerden veel bankiers ook zo. Banken als Lehman Brothers en Dexia financierden zich met kortetermijnleningen op de interbancaire markt. Ze leenden met andere woorden geld bij banken die 'teveel' cash hadden. Maar op een bepaald moment begonnen die laatsten te twijfelen als ze hun geld nog zouden terugzien. Ze weigerden nieuwe leningen te verstrekken aan banken met een cashtekort. De markt voor interbancaire kredieten verschrompelde. Banken die hun liquiditeitsrisico verwaarloosd hadden, dreigden daarop om te vallen.

En zelfs mochten banken altijd bereid zijn om elkaar geld te lenen in tijden van crisis, kunnen ze maar beter zorgen dat ze voldoende passiva hebben die voor lange termijn vastliggen. Beeld je in dat klanten bij alle banken tegelijk geld afhalen. Door bankleningen is er veel meer 'bankgeld' op rekeningen in omloop dan er cash bestaat. Het banksysteem kan dus nooit alle rekeningen omzetten in cash[5]. Vandaar het belang van een degelijk asset-liability management.

---

5   Later zullen we zien dat de centrale bank commerciële banken kan redden tijdens bankruns door op te treden als kredietverstrekker in laatste instantie.

"Geld uit het niets" en andere misvattingen

"Het is maar best dat de bevolking ons bancair en muntsysteem niet begrijpt, want mochten ze dat wel doen, geloof ik dat er voor morgenochtend een revolutie zou uitbarsten." – toegeschreven aan Henry Ford, Amerikaans zakenman [33]

Er bestaan veel misvattingen over de werking van banken en geld. Zelfs befaamde economen maken fouten wanneer ze het over geldzaken hebben. Gewapend met de kennis uit de vorige hoofdstukken kunnen we nu een aantal wijdverbreide onjuiste ideeën ontkrachten.

'Banken maken geld uit het niets'

Zoals getoond in figuur 8 creëert bankier Bob geld door de rekening van David te crediteren wanneer David een lening aangaat. Dat geld bestond voordien niet. In zekere zin heeft Bob dus inderdaad geld uit het niets gemaakt. Maar die omschrijving is hoogst misleidend. Het klinkt alsof Bob een toverstokje heeft waarmee hij zoveel geld kan produceren als hij wil.

Mocht dat zo zijn, dan zouden banken nooit failliet gaan.

Het geld dat Bob schept behoort niet toe aan de bank, maar aan David. Heel waarschijnlijk zal David het direct uitgeven. Het geld belandt op de rekening van een derde partij. In het geval dat David zijn lening niet kan betalen, kan Bob het geld dat hij creëerde dus niet terugnemen.

Banken kunnen enkel maar extra deposito's scheppen zonder failliet te gaan omdat ze tegelijk leningen toevoegen aan hun activa. Wanneer de klant kredietwaardig is, maakt de bank winst op de lening. De bewering dat banken geld uit het niets scheppen, negeert de cruciale rol van de ontlener.

'Banken lenen spaargeld uit'

Verschillende officiële instellingen, waaronder de Bank of England [34] en de Duitse Bundesbank, hebben er de voorbije jaren aan herinnerd dat banken geld creëren wanneer ze leningen verstrekken. Een professor bevestigde dit mechanisme aan de hand van de boekhouding van een echte bank. [35]

Nochtans wordt economiestudenten verkeerdelijk aangeleerd dat banken spaargeld uitlenen. Volgens die theorie moeten banken eerst deposito's binnenkrijgen voor ze leningen kunnen verstrekken. Banken worden in die visie beschrijven als tussenpersonen die het geld van spaarders uitlenen aan kredietnemers. [36] [37]

Deze misvatting heeft praktische gevolgen. Wanneer banken terughoudend zijn om nieuwe leningen te verstrekken, wordt vaak gewezen op de miljarden euro die op spaarrekeningen staan. Mensen vragen zich af waarom de banken dat geld niet uitlenen. Maar dan maken ze dus een fout tegen de boekhoudkundige logica. Het is niet zo dat banken geld van iemands rekening nemen om aan een ander uit te lenen. In werkelijkheid maakt de bank samen met de lening een nieuwe deposito.

De echte reden waarom banken deposito's nodig hebben, is om te vermijden dat ze zonder cash zouden vallen.

De geldvermenigvuldiger

Wat is het verband tussen de hoeveelheid 'officieel' geld (cash) en de totale hoeveelheid geld op bankrekeningen?

De verhouding van bankgeld tot officieel geld wordt de *geldvermenigvuldiger* genoemd. Deze naam komt vanuit het idee dat banken geld vermenigvuldigen telkens ze een lening verstrekken. Het verhaaltje uit de leerboeken gaat als volgt. Stel dat een bank honderd euro cash in de kluis heeft, waar een deposito van honderd euro tegenover staat. De bank houdt tien euro in kas en leent negentig euro uit. Die negentig euro wordt bij een andere bank gedeponeerd, die op haar beurt 90% van de cash uitleent. Door dit proces te herhalen, wordt de oorspronkelijke honderd euro cash uiteindelijk vermenigvuldigd tot duizend euro bankgeld op rekeningen. De geldvermenigvuldiger bedraagt tien.

We weten echter dat dit niet de manier is waarop banken geld uitlenen. Banken zitten niet te wachten op deposito's om die dan deels uit te lenen.

Het concept van de geldvermenigvuldiger wekt de indruk dat er een mechanische relatie is tussen officieel geld en bankgeld. Een verdubbeling van de hoeveelheid cash zou er toe leiden dat banken de hoeveelheid geld op hun rekeningen verdubbelen. In realiteit wordt bankgeld gecreëerd als gevolg van de vraag naar krediet. De geldvermenigvuldiger is geen constante.

Er is echter een uitzondering waarin de geldvermenigvuldiger wel relevant is. In sommige landen moet een bepaalde fractie van de activa van banken bestaan uit 'basisgeld' (zoals we later zullen zien bestaat dat officieel basisgeld uit cash en reserves, uitgegeven door de centrale bank). In dat geval kan de overheid de kredietverlening door banken inperken via haar controle over het volume basisgeld.

De complottheorie dat 'banken geen interest uitlenen'

Volgens sommigen is de banksector één grote oplichterij, en wel om de volgende reden. Banken lenen een hoofdsom uit. Van de kredietnemer eisen ze de hoofdsom terug, met daar bovenop de rente. Aangezien banken enkel de hoofdsom scheppen wanneer ze een lening toestaan, kunnen ontleners onmogelijk allemaal hun lening afbetalen. Het geld dat ze aan rente moeten betalen heeft immers nooit bestaan!

Op het eerste zicht lijkt de logica van deze redenering steek te houden. Tot je beseft dat banken ook kosten hebben. Banken geven het geld dat ze verdienen uit aan lonen, gebouwen en dividenden. De rente op leningen vloeit op die manier terug in de economie. De rente die bankiers aanrekenen is geen ketting waarmee ze de maatschappij tot slaaf maken.

Deze complottheorie is dus goed gevonden, maar fout.

'Belastingen vernietigen geld'

Een bizarre theorie stelt dat overheidsuitgaven geld scheppen. Omgekeerd zouden belastingen geld vernietigen. [38]

Dit houdt echter geen steek. Wanneer je belastingen betaalt, gaat het geld van jouw bankrekening naar een rekening van het ministerie van Financiën. Tenzij de overheid haar belastinginkomsten gebruikt om een banklening af te betalen, wordt het geld niet uitgewist. Het beweegt enkel van de privésector naar de overheid. De overheid kan vervolgens het geld uitgeven.

'Geld is schuld'

Banken creëren deposito's wanneer een klant een schuld aangaat door een lening te tekenen. Het bedrag op je zichtrekening is 'echt' geld, waar je betalingen mee kan uitvoeren. Op het eerste zicht lijkt het dus dat geld en schuld onlosmakelijk verbonden zijn.

Het is juist dat een bankrekening een schuld van de bank aan de rekeninghouder vertegenwoordigt. Bankrekeningen worden op hun beurt gedekt door de schulden van kredietnemers. De bank kan haar schuld aan de rekeninghouders inlossen door hun deposito's cash uit te betalen. Maar die cash is geen schuldbewijs. Het is niet zo dat geld enkel kan bestaan als iemand schulden heeft. In het hoofdstuk over centrale banken wordt dieper ingegaan op de betekenis van (basis)geld.

Bescherming voor spaarders

"Wat stelt het beroven van een bank voor in vergelijking met het oprichten van een bank?" - Bertold Brecht, toneelschrijver. [39]

Fraudeurs en dieven

Spaarders vinden het handig om hun geld op een bankrekening te houden. Anders zouden ze hun spaargeld zelf op een veilige plek moeten bewaren. Het spreekt voor zich dat banken dieven aantrekken. Criminelen gebruiken verschillende strategieën om geld te stelen van banken en bankklanten.

Bankovervallers zijn bijna te vanzelfsprekend om er veel woorden aan vuil te maken. Deze bandieten eisen cash van loketbedienden, ze kraken kluizen of ze overvallen geldtransporten. Naarmate cash vervangen wordt door elektronisch geld en de beveiliging in banken verbetert, verkleinen de slaagkansen van zo'n ruwe aanpak.

Andere gangsters gebruiken meer gesofisticeerde tactieken.

Bendes die kredietkaarten stelen halen snel geld af voor de kaarten geblokkeerd worden. Hackers kraken de systemen van banken en schrijven geld over naar hun eigen rekeningen. De centrale bank van Bangladesh verloor in 2016 zo'n 81 miljoen dollar door een hack. Mocht de diefstal pas later ontdekt zijn, dan zouden de hackers bijna een miljard dollar buitgemaakt hebben. [40]

Identiteitsfraude is een andere vorm van oplichting. De dader doet zich voor als een legitieme persoon. Mensen worden misleid, bijvoorbeeld met een vervalste factuur, zodat ze geld overschrijven naar de bedrieger. Banken kunnen zelf ook het slachtoffer worden van identiteitsdieven. Zo verloor de Belgische bank Crelan 70 miljoen euro, ongeveer haar volledige jaarwinst, in één oplichtingszaak. Bankmedewerkers kregen via e-mail de opdracht het geld over te schrijven naar een buitenlandse rekening. Helaas bleek nadien dat de bewuste e-mail niet van de echte CEO kwam. [41]

Sommige oplichters hebben het lef om grote bedragen te lenen om daarna met de noorderzon te vertrekken. Eén schijnbaar respectabele Antwerpse diamantair ontfutselde zo 63 miljoen euro van zijn bank. Hij verdween met de diamanten die als onderpand dienden voor zijn leningen. [42]

Kapitaal

Het grootste gevaar voor depositohouders zijn echter niet de schurken van buitenaf, maar de banken zelf.

In het voorbeeld in figuur 8 zijn de activa en passiva (deposito's) op de balans van bankier Bob gelijk aan elkaar. Wanneer de bank in dat geval een verlies lijdt, zijn er niet genoeg activa om de rekeninghouders volledig terug te betalen. Technisch gezegd is de bank dan insolvabel.

In werkelijkheid bestaat de rechterkant van de bankbalans niet volledig uit verplichtingen aan rekeninghouders. Een deel is eigen vermogen, ook kapitaal genoemd. Het eigen vermogen hoort niet toe aan de rekeninghouders, maar aan de eigenaars van de bank. Het kapitaal is met andere woorden in handen van de aandeelhouders. Eigen vermogen wordt in detail behandeld in het hoofdstuk over aandelen. Op dit moment is het enkel belangrijk om weten dat het eigen vermogen geen vaste waarde heeft, in tegenstelling tot deposito's. De waarde van het eigen vermogen is het verschil tussen de activa en de passiva van de bank. Rekeninghouders kunnen hun geld afhalen van de bank. Aandeelhouders kunnen daarentegen niet eisen dat de bank hun deel van het kapitaal uitbetaalt. Het eigen vermogen van de bank is een permanente financieringsbron.

Figuur 14 toont schematisch een bankbalans met het onderscheid tussen eigen vermogen en deposito's.

Bank	
100€ (activa)	10€ (eigen vermogen)
	90€ (deposito's)

Figuur *14*: Bankbalans waarbij het eigen vermogen tien procent van de activa bedraagt.

Wanneer de winst niet uitgekeerd wordt aan de aandeelhouders, stijgt het eigen vermogen van de bank. Indien de bank een verlies boekt, is het eigen vermogen een buffer die de rode cijfers absorbeert. Zonder kapitaalsbuffer zouden de spaarders ook geld verliezen.

Een grotere verhouding tussen eigen vermogen en deposito's verkleint het risico dat de bank insolvabel zou worden. Technisch is het verhogen van het kapitaal van een bank zeer eenvoudig. Een deel van de rekeninghouders zetten hun spaargeld om in kapitaal. De nieuwe aandeelhouders geven daarmee de zekerheid op van een deposito met een vaste waarde en een (kleine) rente. In ruil krijgen ze een stukje van het kapitaal. Dat heeft geen vaste waarde of gegarandeerde opbrengst. Aandeelhouders rekenen er op dat de toekomstige winsten van de bank hen zullen vergoeden voor de risico's die ze nemen door te investeren in het eigen vermogen.

Commentaarschrijvers zijn vaak niet duidelijk over wat het kapitaal van een bank nu precies inhoudt. Het eigen vermogen van de bank is *geen* hoop cash op de activazijde van de balans. Bankiers die tegen hogere kapitaalseisen zijn stellen het soms zo voor. Ze zijn vaak tegen hogere kapitaalsbuffers omdat de verdeling van dezelfde winst over meer kapitaal het rendement op eigen vermogen verkleint. Het belang van de bestaande aandeelhouders zou verwateren.

Regelgeving, rapportering en toezicht

Als gevolg van crisissen uit het verleden moeten banken zich aan een heleboel regels en voorschriften houden.

De topfiguren aan het hoofd van een financiële instelling moeten '*fit and proper*' zijn. De directeurs mogen geen strafblad hebben. Het management moet haar financiële deskundigheid kunnen bewijzen.

Topmanagers kunnen zichzelf royale salarissen en bonussen laten betalen met weinig toezicht van de aandeelhouders. In extreme gevallen kunnen dergelijke betalingen aan insiders de bank insolvabel maken. Dergelijk wangedrag kwam in de jaren 1980 aan het licht tijdens het *Savings and Loans* schandaal. [43] De *fit and proper* voorwaarde moet de kans verkleinen dat bestuurders hun eigen organisatie plunderen.

Veel regels hebben betrekking op financiële maatstaven. Bankiers kunnen niet vrij kiezen hoe ze hun liquiditeit en kapitaal beheren. Regelgevers leggen formele standaarden op waaraan banken zich moeten houden.

Experts van de Bank voor Internationale Betalingen, die gevestigd is in de Zwitserse stad Bazel, schrijven voorstellen over hoe banken hun risico's moeten inperken. [44] Deze Bazel-richtlijnen vormen de basis voor bankregulering in verschillende jurisdicties.

Een gedetailleerde beschrijving van de regels valt buiten het bereik van dit boek. Om toch een idee te krijgen van welke gegevens banken moeten opvolgen, volstaat het te kijken naar de *liquidity coverage ratio* (LCR). De LCR meet de verhouding tussen de liquide activa van een bank met de deposito's die afgehaald zouden worden in geval van een periode van dertig dagen waarin de bank onder druk komt te staan. Onder liquide activa verstaat men onder andere cash en obligaties die snel kunnen verkocht worden aan een goede prijs. Banken moeten een LCR van meer dan 100% hebben.

Kapitaalvereisten focussen op de activa van de bank. We weten dat we het kapitaal (= het eigen vermogen) kunnen berekenen door de passiva af te trekken van de activa. De passiva van banken hebben een voorspelbare waarde, terwijl hun activa kwetsbaar zijn voor kredietverliezen. Om die reden specifiëren de regels een risicogewicht voor verschillende categorieën leningen. Voordat het eigen vermogen van de bank berekend wordt, herschaalt men de nominale waarde van de leningen die in de boeken staan volgens hun risicogehalte.

We moeten er ons echter bewust van zijn dat regels de financiële risico's niet wegnemen. Het waarderen van een kredietportefeuille – en dus de kapitaalbuffer – blijft een kunst. Niemand kan met zekerheid voorspellen hoe de leningen zullen presteren. In de Bazel II kapitaalvereisten stond bijvoorbeeld dat obligaties uitgegeven door landen in de eurozone 100% veilig waren. Banken moesten geen kapitaal tegenover deze activa plaatsen. Het faillissement van Griekenland in 2011 bewees dat deze veronderstelling niet correct was. [45]

Net zoals de verkeerspolitie de wegcode handhaaft, moeten toezichthoudende instanties er voor zorgen dat bankiers de regels naleven. Inspecteurs eisen een betrouwbaar beeld van de activa en passiva van de financiële instellingen waarover ze toezicht houden. In de crisis van de jaren 1930 moesten toezichthouders door de boeken van kredietinstellingen gaan om in te schatten hoe levensvatbaar de banken nog waren. Sindsdien zijn banken verplicht om maandelijks gestandaardiseerde rapporten op te stellen met daarin een overzicht van hun activa en passiva. [46] Regelmatige rapportering stelt de bankenwaakhond in staat om problemen sneller te detecteren en indien nodig in te grijpen.

Naast de externe toezichthouders hebben banken ook een interne compliance afdeling. De controles van dit departement moeten er voor zorgen dat werknemers de richtlijnen van de bank opvolgen. Compliance moet onder andere diefstal en onethisch gedrag door personeelsleden voorkomen. Bankiers mogen bijvoorbeeld geen geschenken aanvaarden van hun klanten. Compliance officers zijn ook verantwoordelijk voor de vertrouwelijke informatie waar-over de bank beschikt. Alle datalekken zijn nefast voor de reputatie van de betrokken bedrijven, en dat is zeker zo voor financiële instellingen. Tenslotte moet compliance er voor zorgen dat iedere bankmedewerker de wetgeving ter bestrijding van witwassen en terrorisme naleeft.

Depositogarantie

In het ergste geval gaat een bank ondanks alle voorzorgsmaatregelen toch failliet. De activa volstaan niet om de deposito's te dekken. Gelukkig voor de rekeninghouders betekent dat niet dat ze geld zullen verliezen. Wanneer een bank failliet gaat, schiet het depositogarantiefonds in actie. Binnen de Europese Unie worden deposito's tot minstens 100 000€ gewaarborgd door de overheid. [47] In de Verenigde Staten is spaargeld tot 250 000$ beschermd. [48]

Spaarders zijn minder snel geneigd een bankrun te starten als er een overheidsgarantie rust op hun geld. Het depositogarantiestelsel stabiliseert dus de financiële sector. Er is echter een keerzijde aan de medaille. De bescherming kan er voor zorgen dat mensen op zoek naar een hogere rente hun geld plaatsen bij banken die ze zonder depositogarantie niet zouden vertrouwen. Voor de bankencrisis van 2008 boden IJslandse banken hoge rentes op hun spaarrekeningen. Zo haalden ze geld op bij onder andere Britse en Nederlandse spaarders. Toen de IJslandse banken over de kop gingen, begon er een getouwtrek om te bepalen wie de deposito's moest garanderen: IJsland of de thuislanden van de spaarders. [49]

Grote bedrijven en gemeenten hebben vaak veel geld op hun rekeningen. De deposito's van dergelijke professionele partijen vallen niet onder het garantiestelsel. Hun vertegenwoordigers moeten dan ook dubieuze banken vermijden en het geld spreiden over meerdere financiële instellingen.

Politieke complicaties

De mechanismen achter bankieren zijn universeel geldig. Zelfs communistische landen hebben banken. Die banken verstrekken leningen en aanvaarden deposito's, net zoals hun sectorgenoten in landen met andere politieke regimes. Maar het gedrag van bankiers staat niet los van de politiek. Het zou fout zijn zomaar aan te nemen dat banken er enkel op uit zijn hun winsten te maximaliseren. Beslissingen over leningen hangen af van meerdere factoren, zoals wie de eigenaar is van de bank. Door overheidsregels kunnen banken niet vrij bepalen hoeveel rente ze betalen op spaarrekeningen.

Chinese staatsbanken lenen bij voorkeur aan staatsbedrijven. [50] Privébedrijven hebben het moeilijker om krediet te krijgen. Op de schuld van staatsbedrijven zit een impliciete overheidsgarantie. Daardoor zijn leningen aan staatsbedrijven niet erg risicovol voor de carrières van Chinese bankiers. Mocht daarentegen een privé-firma niet in staat zijn haar schulden af te betalen, dan komt ook de bankier die de lening toestond in de problemen.

De controle van de Chinese overheid over de financiële sector heeft een snelle industrialisatie van het land mogelijk gemaakt. Chinese banken rekenen relatief lage rentes op leningen aan staatsbedrijven. Dat verlaagt de financiële kosten voor die bedrijven. Maar op lange termijn is China's politiek gemotiveerd kredietsysteem geen wondermiddel. Er is overcapaciteit in de staalindustrie, een sector waar veel fabrieken in overheidshanden zijn. Goedkope kredieten kunnen ongezonde bedrijven in leven houden, hoewel die bedrijven nooit al hun schulden zullen kunnen terugbetalen. Banken stapelen slechte kredieten op, die uiteindelijk afgeschreven zullen worden.

Belangenconflicten tussen banken en niet-financiële bedrijven beperken zich niet tot communistisch China. In de jaren 1930 hadden westerse banken met private aandeelhouders grote participaties in industriële bedrijven. [46] Tijdens de Grote Depressie stonden bankiers voor een dilemma. Het was riskant om leningen toe te staan aan de bedrijven in hun portefeuille. Veel bedrijven leden immers verliezen door de slechte economie. De banken dreigden er een pak waardeloze leningen bij te krijgen. Maar als de banken weigerden bijkomend krediet te verstrekken, konden de industriële firma's bankroet gaan. In dat scenario zouden de aandelen die de banken aanhielden hun waarde verliezen. Door dit dilemma besloten bankiers dan maar te blijven lenen. Ze gokten op een verbetering van de economie. Een scheiding tussen banken en niet-financiële bedrijven zou een voorzichtigere wijze van bankieren gestimuleerd hebben.

Ook persoonlijke relaties tussen bankiers, politici en zakenlui hebben een invloed op kredietbeslissingen. Een studie in Duitsland toonde aan dat bankiers een voorkeursbehandeling geven aan mensen die tot hun elitenetwerken behoren. [51] In Spanje hadden veel politici hoge postjes bij regionale banken. Die spaarbanken financierden bouwprojecten, terwijl de politici moesten beslissen over de bouwvergunningen. Dergelijke verstrengeling van geld en macht werkt natuurlijk vriendjespolitiek in de hand. [52]

De politiek speelt niet enkel een rol bij het kredietbeleid van banken. Bankiers willen rente-inkomsten verdienen. Wanneer ze goedkoop uitlenen, moet de rente op hun passiva ook laag blijven. De regering in Peking beperkt dan ook de rentevoet op spaarrekeningen. Deze praktijk wordt financiële repressie genoemd. Zonder die beperking zouden banken elkaar beconcurreren door een hogere rente op deposito's aan te bieden. Financiële repressie is met andere woorden een subsidie voor banken en bedrijven die betaald wordt door spaarders.

Zelfs in de Verenigde Staten bestond er lang een plafond op de rente die banken mochten betalen op deposito's. In België mogen banken dan weer geen negatieve rente aanrekenen op spaarrekeningen. [53] Dat laatste voorbeeld is een vorm van financiële repressie die spaarders bevoordeeld ten koste van de banken.

Banken ondervinden constant de impact van de wetgever op hun werking. Ze moeten verdachte transacties aangeven in het kader van de strijd tegen geld witwassen en terrorisme. De wet verbiedt bankiers zaken te doen met bepaalde cliënten. Om de klant te beschermen zijn er beperkingen op het aantal spaarformules dat banken mogen aanbieden. Hetzelfde geldt voor hypotheekleningen. De lijst met regels is eindeloos en verschilt ook nog eens van land tot land.

Centrale banken

Geld drukken

Tot nog toe gingen we er stilzwijgend van uit dat fysiek geld bestond. Maar waar komt cash eigenlijk vandaan? Hoewel commerciële banken bankgeld kunnen scheppen door leningen te verstrekken, hebben ze geen drukpersen waarmee ze euro- of dollarbiljetten kunnen maken.[6] Het is evident waarom dat een slecht idee zou zijn. Bankiers zouden snel in de verleiding komen om hun activa te vergroten door zoveel mogelijk geld te drukken.

Maar waar komen muntstukken en bankbiljetten dan wel vandaan? Wie heeft de bevoegdheid om officieel geld te maken? En wat belet een entiteit met zoveel macht ervan om ongebreideld geld bij te drukken?

Politieke machthebbers hebben lang het monopolie op het creëren van cash opgeëist. Vorsten introduceerden gestandaardiseerd geld zoals de Duitse *thaler*, een zilveren munt. Overigens is de naam van de Amerikaanse dollar afgeleid van de thaler. Iemand die officieel geld namaakt zonder vergunning maakt zich schuldig aan valsmunterij.

Hoeveel rijker wordt een munt (hier in de betekenis van de instelling die geld maakt) door muntstukken te slaan en bankbiljetten te drukken? We mogen niet enkel kijken naar de waarde van het gecreëerde geld. De munt heeft namelijk ook kosten zoals de lonen van het personeel, het gebruikte metaal, papier, inkt, machines en gebouwen. De netto opbrengst uit het maken van officieel geld wordt sleischat

---

6   Officieel papiergeld, dus uitgegeven door de overheid, heeft niet altijd bestaan. Vroeger gaven private banken hun eigen bankbiljetten uit (vandaar ook de naam *bankbiljet*). Deze briefjes waren passiva van de banken. In tegenstelling tot officieel baar geld hadden privébankbiljetten geen vaste waarde die overal aanvaard werd. "Geld" uitgegeven door minder betrouwbare banken werd met een korting verhandeld. Het kon dat een bank maar 95 cent wou geven voor een dollarbiljet van een andere bank.

genoemd. Meestal gebruikt men de Engelse term *seigniorage*.

Seigniorage is een gemakkelijkheidsoplossing voor overheden die moeilijk belastingen kunnen innen. Toen munstukken nog gemaakt werden van zilver of goud, kon men de munt ontwaarden door het percentage edelmetaal te verlagen. Nu baar geld voornamelijk uit papier bestaat, is het zelfs nog eenvoudiger om meer biljetten te drukken en biljetten met een hogere nominale waarde.

Tegenwoordig zit de bevoegdheid om officieel geld te creëren bij centrale banken. De Federal Reserve (Fed), de centrale bank van de VS, geeft dollars uit. De Europese Centrale Bank (ECB) is verantwoordelijk voor de euro.

Niet al het geld uitgegeven door de centrale bank heeft de vorm van bankbiljetten of muntstukken. Wanneer een commerciële bank cash nodig heeft, kan ze activa verkopen aan de centrale bank. Of ze kan geld lenen bij de centrale bank. De centrale bank betaalt de nieuwe activa op haar balans door haar passiva te verhogen. De rekening van de commerciële bank bij de centrale bank bevat *centrale-bank-reserves*, zoals getoond op figuur 15.

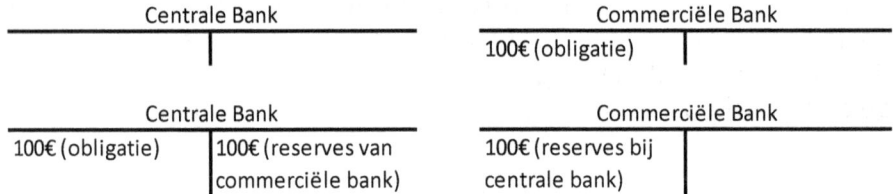

Centrale Bank		Commerciële Bank	
		100€ (obligatie)	

Centrale Bank		Commerciële Bank	
100€ (obligatie)	100€ (reserves van commerciële bank)	100€ (reserves bij centrale bank)	

Figuur *15*: De centrale bank creëert nieuwe reserves door te betalen voor een obligatie die ze koopt van een commerciële bank.

Zowel centrale-bankreserves als cash zijn basisgeld, geld gecreëerd door de centrale bank. Hoewel cash en reserves equivalent zijn, zijn reserves handiger om betalingen tussen banken te vereffenen. Gewone mensen kunnen geen rekening bij de centrale bank openen. Cash is dus de enige vorm van basisgeld die toegankelijk is voor individuen. Denk eraan dat wanneer je je cash deponeert bij een commerciële bank, je *bankgeld* in de plaats krijgt.

In tegenstelling tot gewone banken kan de centrale bank nieuwe cash drukken om de deposito van de commerciële bank uit te betalen. Figuur 16 toont hoe de centrale bank de rekening van een commerciële bank vervangt door een herinnering dat ze cash gemaakt heeft om de reserves in te wisselen. Hierdoor blijft de boekhouding van de centrale bank in evenwicht.

Centrale Bank		Commerciële Bank	
100€ (obligatie)	100€ (reserves van commerciële bank)	100€ (reserves bij centrale bank)	

Centrale Bank		Commerciële Bank	
100€ (obligatie)	100€ (cash in omloop)	100€ (cash)	

Figuur *16*: De centrale bank betaalt de reserves uit in cash.

Onder de gouden standaard kon men bij de centrale bank bankbiljetten omruilen voor een bepaald gewicht in goud. Het volume papiergeld werd beperkt door de hoeveelheid goud in de kluizen van de centrale bank. Moderne centrale banken werken niet langer onder de gouden standaard. De dollar, de euro, het Britse pond en de Japanse yen zijn *fiatgeld*. Hun waarde is gebaseerd op het vertrouwen dat men heeft in de overheidsinstellingen, niet op een voorraad edelmetaal. Moderne centrale banken kunnen dus in theorie altijd basisgeld maken wanneer ze er nodig hebben. Ze zijn niet onderworpen aan de liquiditeitsbeperkingen waar commerciële banken mee te maken hebben.

De balansen in figuur 16 tonen dat basisgeld een passief is van de centrale bank. De seigniorage van de centrale bank komt uit het verschil tussen de rente uit haar activa (de obligatie van 100€) en de kosten die verbonden zijn aan de creatie van basisgeld. Deze laatste kosten zijn ofwel de kost van het drukken van bankbiljetten, ofwel de rente die de centrale bank betaalt op reserves. De winst die gemaakt wordt met het creëren van geld hoort toe aan de Schatkist.

De opbrengst uit seigniorage kan behoorlijk groot zijn. In 2015 verdiende de Federal Reserve bijna 100 miljard dollar met haar kredietportefeuille. [54]

Geldschieter in laatste instantie

Naarmate het volume bankkredieten groeit, wordt de hoeveelheid bankgeld groter dan de hoeveelheid basisgeld die in omloop is.

Tijdens bankruns halen rekeninghouders hun geld af van de banken, zoals werd uitgelegd in het hoofdstuk over liquiditeitsrisico.

Wanneer een bank een cashtekort heeft en niet kan lenen bij andere banken, kan de centrale bank optreden als de geldschieter in laatste instantie.

De centrale bank beslist of ze al dan niet een lening toestaat aan een commerciële bank met liquiditeitsproblemen. Gewoonlijk zal de beslissing afhangen van de inschatting hoe solvabel de bank is. Wanneer de centrale bankiers van oordeel zijn dat de activa van de commerciële bank volstaan om de passiva te dekken, zullen ze geld lenen aan de financiële instelling. Hierdoor kan de commerciële bank de paniek overleven. De centrale bank boekt winst wanneer haar noodlening terugbetaald wordt.

De centrale bank kan ook lenen aan de overheid. Gewoonlijk overbruggen overheden het verschil tussen hun uitgaven en de belastinginkomsten door geld te lenen bij de privésector. Die private geldschieters kunnen burgers zijn, maar ook commerciële banken of buitenlanders. Soms wil de privésector niet lenen aan de overheid, of eist ze een te hoge interest. In dat geval zullen machtshebbers zich tot de nationale bank wenden. Zo werd de Britse Royal Navy eind 17de eeuw bijvoorbeeld gefinancierd met geld van de net opgerichte Bank of England. [55]

Mandaten en instrumenten

In tegenstelling tot reguliere banken zijn centrale banken geen commerciële ondernemingen. Centrale banken zijn publieke agentschappen die één of meerdere mandaten moeten vervullen. Hun doelstellingen kunnen bijvoorbeeld zijn: stabiele prijzen nastreven, de wisselkoers met een vreemde valuta bewaken, het financieel systeem beschermen of de tewerkstellingsgraad zo hoog mogelijk houden.

Het voornaamste instrument dat de centrale bank heeft om deze doelstellingen te bereiken is de controle over de kortetermijnrentes. Dit werkt als volgt. Een commerciële bank verstrekt een lening. De ontlener schrijft het geleende geld over naar een andere bank. De reserves van de eerste bank nemen dus af. De bank die de lening uitschreef moet de uitstroom compenseren door deposito's aan te trekken of door te lenen van een andere bank, zoals we zagen in figuur 12. Als spaarders en banken een hoge rente eisen, dan moet de bank die reserves nodig heeft ook een hoge rente aanrekenen op haar leningen om een positieve rentemarge te halen. Hoge rentevoeten ontmoedigen mogelijke kredietnemers.

De centrale bank maakt de kredietverlening door commerciële banken winstgevender wanneer ze zelf basisgeld aan een lage rente uitleent. De financieringskost van de commerciële banken wordt dan immers lager. Banken reageren op het 'goedkope geld' van de centrale bank door de rente die ze aanbieden aan spaarders en op interbancaire leningen te verlagen.

Omgekeerd kan de centrale bank ook oordelen dat de rentevoeten op de markt te laag zijn. In dat geval zal ze het duurder maken voor banken om basisgeld te lenen. Normaal gezien zullen banken dan de rente die ze aanbieden aan hun klanten verhogen. Omdat de centrale bank het moeilijker maakt om aan reserves te geraken, kunnen banken met een overschot aan reserves een hogere interest vragen op hun leningen aan andere banken.

De centrale bank stuurt met andere woorden de rentevoeten op miljoenen leningen door de kortetermijnrentes voor commerciële banken aan te passen.

Kortetermijnrentes sturen lijkt misschien een simplistisch instrument. Die rente is maar één variabele in de economie. De centrale bank heeft echter veel bewegingsvrijheid bij het implementeren van haar strategie. We weten dat de centrale bank optreedt als een bank voor commerciële banken. Maar de centrale bank kan zelf kiezen met welke partijen ze zaken doet. Niet alle banken zijn in staat om rechtstreeks bij de centrale bank te lenen.

Bovendien leggen centrale banken vaak voorwaarden op aan hun tegenpartijen die niets te maken hebben met rentevoeten. Om basisgeld te kunnen lenen, moeten banken bijvoorbeeld vaak onderpand met een voldoende hoge kwaliteit overhandigen aan de centrale bank. Het onderpand bouwt een extra zekerheid in voor de centrale bank.

Nog een andere manier waarop centrale bankiers de economie trachten te beïnvloeden is het geven van speeches. Uitspraken van centrale bankiers kunnen voldoende zijn om het gedrag van bankiers en hun cliënten te veranderen.

Schaduwbanken

Niet alle entiteiten die zich gedragen als banken zijn ook als bank geregistreerd. Dergelijke firma's worden *schaduwbanken* genoemd. Schaduwbanken investeren in krediet, net zoals gewone banken. Ze bieden deposito's aan met een vaste nominale waarde. Het cruciale verschil bestaat eruit dat schaduwbanken niet onderworpen zijn aan dezelfde regels als gewone banken. Omgekeerd kunnen de cliënten van schaduwbanken niet rekenen op de bescherming die een bankenlicentie met zich meebrengt.

Ondanks hun duistere naam zijn schaduwbanken vaak perfect legaal. Ze bieden diensten aan die gewone banken niet kunnen leveren. Om de diversiteit van schaduwbanken te illustreren, bekijken we hieronder twee voorbeelden.

Grote bedrijven houden omvangrijke hoeveelheden cash aan. Ze zouden dit geld in principe op een zichtrekening bij een gewone bank kunnen plaatsen. Maar dat is riskant. Kleine spaarders worden beschermd door het depositogarantiestelsel. Maar wanneer je de financieel directeur bent van een miljardenbedrijf, is een garantie van 100 000€ verwaarloosbaar. Bovendien kan het kassaldo van bedrijven sterk fluctueren. Bankiers houden niet van zulke schommelingen. Een gewone bank zal dan ook geen hoge rente betalen op de deposito's van grote bedrijven. De financieel directeur van een multinational heeft dus een tweevoudig probleem. Hij moet het geld van zijn bedrijf veilig bewaren en er liefst ook een redelijke interest op verdienen.

Bankiers hebben een oplossing voor dit probleem gevonden in de vorm van schaduwbankieren. Vereenvoudigd samengevat komt het er op neer dat de bedrijfsdeposito's de passiva worden van aparte rechtspersonen, *special purpose vehicles* (SPV's). De SPV's investeren in kortlopende obligaties zoals *Treasury bills* uitgegeven door het Amerikaanse ministerie van Financiën. Bij een gewone bank staat een portefeuille leningen tegenover de passiva. De deposito's bij SPV's zijn gedekt door de obligaties die de schaduwbank op haar activa heeft staan. Dat onderpand garandeert dat het geld van de rekeninghouders veilig is. Een deel van de rentebetalingen uit de obligaties van de SPV stroomt naar de klanten. De rest is voor de bank die de SPV beheert.

In 2008 was er een bankrun op deze schaduwbanken. Onder de activa van de SPV's zaten ook obligaties uitgegeven door gewone banken. Het bankroet van Lehman Brothers veroorzaakte paniek. Welke SPV's waren 'besmet' met slechte obligaties? Bedrijven die liquide middelen belegden in SPV's begonnen hun geld terug te trekken. Mocht immers blijken dat de activa van de schaduwbanken minder waard waren dan gedacht, zouden de SPV's de investeerders niet volledig kunnen terugbetalen. En de klanten van de schaduwbanken konden per definitie niet rekenen op een depositogarantie. [56]

In China opereert een heel ander soort schaduwbanken. We zagen reeds dat staatsbanken vooral lenen aan bedrijven met politieke connecties. Spaarders lijden onder financiële repressie. Deze omstandigheden creëerden een markt voor ongereglementeerde kredietverstrekkers. Schaduwbanken geven leningen aan privébedrijven. [57] De schaduwbanken financieren hun leningen met deposito's van kleine spaarders die op zoek zijn naar een hoger rendement.

Het is niet duidelijk als de Chinese schaduwbanken volledig legaal zijn. Schaduwbankiers kunnen niet altijd rekenen op de rechtbank om hun contracten te doen naleven. Ze moeten creatief zijn opdat ze niet bedrogen zouden worden door de kredietnemers. Er deed bijvoorbeeld een verhaal de ronde dat Chinese geldschieters naaktfoto's eisen van jonge vrouwen die bij hen leenden. De financiers dreigden ermee de foto's te verspreiden in het geval dat de leningen niet terugbetaald werden. [58]

We moeten echter wel vermelden dat het verschil tussen Chinese officiële banken en schaduwbanken niet zwart-wit is. Gewone banken verkopen zogenaamde *wealth management products* aan hun klanten. Deze producten zijn investeringen in schaduwbanken. Zo kunnen banken en spaarders het interestplafond op spaarrekeningen omzeilen. Klanten gaan er van uit dat de gereglementeerde bank hun belegging zal garanderen. [59]

Bankfaillissementen

Wat gebeurt er als een bank failliet gaat? Wanneer – ondanks alle regelgeving en toezicht - de bank haar schulden niet kan betalen?

Mochten banken gewone bedrijven zijn, zouden de passiva bevroren worden tot het faillissement afgewikkeld is. Als de onderneming insolvabel is, verliezen de aandeelhouders hun kapitaal. De opbrengst van de verkoop van de activa wordt verdeeld onder de rekening- en obligatiehouders. Wanneer er niet genoeg geld overschiet, kunnen de schuldeisers niet volledig vergoed worden.

Banken zijn echter bijzonder. Een bankroete bank zorgt voor een heleboel moeilijkheden.

Ten eerste worden bankdeposito's als veilig beschouwd. Wanneer een bank failliet gaat, zouden mensen kunnen beginnen vrezen voor hun spaargeld. Vooral als er twijfel bestaat als het depositogarantiefonds iedereen volledig zal kunnen vergoeden. Eens spaarders hun vertrouwen in de banken verliezen, duurt het meestal niet lang tot de eerste bankruns starten.

Een tweede probleem heeft te maken met het betalingsverkeer. Tijdens de afwikkeling van het faillissement worden de rekeningen (als onderdeel van de passiva) bevroren. Bedrijven kunnen dus geen betalingen ontvangen van klanten wiens geld op een rekening bij de failliete bank staat. Hierdoor kunnen niet-financiële bedrijven in de problemen komen, zelfs wanneer ze niets te maken hebben met de falende bank. Deze overwegingen zijn overigens geen theoretische speculaties. In 2014 was er een bankrun op de vierde grootste kredietverstrekker van Bulgarije. De rekeningen bij die bank bleven daarna nog maandenlang geblokkeerd. [60]

Ook de enorme omvang van de balans van een bank maakt de zaken gecompliceerder dan bij een doorsnee faillissement. Zelfs bescheiden banken hebben al gauw een kredietportefeuille met honderdduizenden leningen. De bankiers die deze leningen moeten opvolgen hebben echter geen carrièreperspectieven meer binnen de failliete bank. De waarde van de activa van de bank zal er onder lijden als de terugbetaling van de uitstaande kredieten minder nauwgezet opgevolgd wordt.

Het failliet van een bank doet vragen rijzen over de rol van de regel-gevers en toezichthouders. Politici zullen gauw de neiging hebben om schuldigen aan te wijzen.

Een bank failliet laten gaan is dus een stap in het onbekende. Na de financiële crisis werd een Europese afwikkelingsraad opgericht. Die raad moet failliete banken op een ordelijke manier opdoeken. [61] In de Verenigde Staten moeten banken een 'testament' opstellen. Zo'n testament moet een gecontroleerde stopzetting van de bank-roete instelling mogelijk maken. [62]

Een faillissement is echter niet de enige optie voor een bank die in slechte papieren zit. Men kan ook beslissen om de instelling te red-den. Dankzij een injectie van vers kapitaal of door liquiditeitssteun kan de bank blijven functioneren. De financiële problemen van de bank hebben dan geen gevolgen voor de klanten.

Waar moet het geld om de bank te herkapitaliseren vandaan komen? De bestaande aandeelhouders hebben waarschijnlijk al grote ver-liezen geleden als een bank op het punt staat om failliet te gaan. Het is weinig waarschijnlijk dat ze nog veel meer vermogen in de bank willen of kunnen pompen. Soms wil een andere bank haar falende concurrent overnemen. Maar vaak is de overheid de enige speler die banken kan redden. Bij een nationalisatie wordt de overheid de eni-ge aandeelhouder. Bij alternatieve regelingen behouden privéaan-deelhouders een deel van de controle.

Gewoonlijk volstaat een redding – in het Engels 'bailout' – niet om de bank weer op het juiste spoor te krijgen. Er is een herstructurering nodig om de kredietverstrekker gezond te maken. Andere banken en rekeninghouders zullen de geredde bank pas opnieuw financieren indien hun deposito's er veilig zijn. Daarom worden slechte lenin-gen op de balans overgedragen naar een restbank, de 'bad bank'. Die restbank heeft de taak om zoveel mogelijk geld te recupereren uit de portefeuille met probleemkredieten. De restbank biedt geen nieuwe producten aan. Het gezonde stuk van de bank behoudt de goede activa en blijft wel de klanten bedienen. Deze overblijvende bank moet weer winstgevend worden.

DEEL II | INVESTEREN

Valuta

Geld verdienen met geld

Tot nu toe gebruikten we in alle voorbeelden één enkele munt, de euro. Er zijn echter vele muntsoorten in omloop. We zullen in dit hoofdstuk de term valuta gebruiken als synoniem voor muntsoorten, om verwarring met muntstukken uit te sluiten. Al zolang er meerdere valuta bestaan, is er handel in geld. Een Franse zakenman in Londen gebruikt Britse ponden. Wanneer een Zwitserse firma haar producten in Amerika verkoopt, moet ze de ontvangen dollars omwisselen in Zwitserse frank om haar werknemers te betalen.

Geldwisselaars verdienen hun brood door de *spread* (het verschil) tussen de koersen waaraan ze valuta willen aan- en verkopen. Stel dat een wisselkantoor euro en dollar verhandelt. Laten we zeggen dat het kantoor 1$ wil kopen voor 0,99€ en 1$ wil verkopen aan 1,01€. Een Amerikaanse toerist wil duizend dollar wisselen in euro. De wisselagent betaalt 990€ voor de 1000$. Wanneer de toerist het geld niet uitgeeft en het terug omzet in dollars, betaalt de agent hem (990€/1,01€)$ = 980,2$. Het wisselkantoor heeft $19,8 verdiend met haar diensten.

Wisselkantoren zijn *market makers* die zowel kopen als verkopen. Ze boeken een kleine winst op iedere transactie, ongeacht de wisselkoers tussen de valuta.

Wisselkoersen veranderen doorheen de tijd. Wanneer een munt sterker wordt (dat wil zeggen meer waard wordt) ten opzichte van een andere valuta, spreken we over appreciatie. De omgekeerde beweging wordt depreciatie genoemd. Als de euro versterkt ten opzichte van de dollar, kan je dus meer dollars kopen voor de zelfde hoeveelheid euro's. Valutahandelaren verdienen geld met deze prijsbewegingen. Stel dat een Amerikaanse *trader* 100$ wisselt voor 100€ aan een koers van 1$ = 1€. De euro versterkt tot 1,05$.

Wanneer de speculant haar investering terug omzet in dollar, heeft ze 5$ bovenop de honderd dollar waar ze mee begon[7].

In tegenstelling tot het wisselkantoor moet de valutahandelaar een correcte voorspelling maken over de beweging van de wisselkoers. Als de markt de verkeerde kant uit gaat, zal ze verlies lijden.

Wat drijft wisselkoersfluctuaties? Er is geen formule waarmee je de waarde van valuta kan bepalen. Wisselkoersen zijn een uitkomst van de marktwerking. Traders baseren hun koop- en verkoopprijzen op meerdere factoren, zoals economische groei, inflatie, rentevoeten, handelsonevenwichten, politieke gebeurtenissen of simpelweg de bewegingen van de valutakoersen zelf.

Als de wisselkoers tussen één paar valuta verandert, zal de markt daarop reageren door de waarde van alle andere munten ten opzichte van de componenten van het paar aan te passen. Stel bijvoorbeeld dat de Amerikaanse dollar versterkt ten opzichte van de euro. Dan zullen handelaars de waarde van de Japanse yen tegenover de dollar en de euro bijstellen. Mocht de wisselkoers ten opzichte van derde munten niet wijzigen, dan zou je gratis geld kunnen verdienen.

Neem aan dat één dollar één euro waard is en dat één dollar en één euro elk 100 yen waard zijn. Hoe kunnen we winst boeken in een scenario waarbij de dollar apprecieert tot 1,10€? Zet 1€ om in 100 yen, vervolgens de 100 yen in 1$ en tenslotte één dollar in 1,10 euro. Zonder transactiekosten ben je dan tien eurocent rijker dan in het begin. Dit is een voorbeeld van *arbitrage*: risicoloos geld verdienen op basis van prijsverschillen tussen verschillende markten.

Een andere arbitragestrategie in de valutamarkt wordt de *carry trade* genoemd. Een carry trade vindt haar oorsprong in het verschil tussen de risicovrije rentevoeten van twee muntzones. Stel dat een spaarder 3% rente krijgt op een termijnrekening van één jaar in Amerikaanse dollar, terwijl een termijnrekening in Japanse yen met dezelfde looptijd slechts 0,5% opbrengt. Mochten de twee munten een vaste wisselkoers hebben, dan zouden Japanse investeerders hun yens kunnen omzetten in dollars, een hogere interest verdienen en na een jaar het geld terug wisselen in yen. Het is nog lucratiever om Japanse yen te lenen aan een lage rente en te profiteren van de hogere rente op dollardeposito's. Het is natuurlijk wel zo dat een carry trade enkel in het voordeel van de investeerder werkt zol-

---

7   Als we de transactiekosten negeren.

ang de eventuele depreciatie van de gekochte vreemde valuta niet groter is dan het renteverschil. Als de dollar na een jaar 5% gezakt is ten opzichte van de yen, dan verliest de speculant geld.

Er worden enorme volumes verhandeld op de valutamarkt. Volgens de Bank voor Internationale Betalingen was er in april 2013 bijvoorbeeld een dagelijkse omzet van meer dan vijf biljoen dollar. [63] Daarmee is de valutamarkt de grootste markt op de planeet.

Vreemde valuta en centrale banken

Soms garanderen centrale banken een vaste wisselkoers van de eigen munt met een vreemde valuta. Zo'n vaste wisselkoers vermindert de kosten en onzekerheid voor bedrijven die exporteren of importeren. Bovendien versterkt een vaste wisselkoers met een harde munt (een valuta die haar koopkracht behoudt) het vertrouwen van consumenten in de waarde van hun spaargeld. Zo onderhouden meer dan een dozijn West- en Centraal-Afrikaanse landen een constante wisselkoers met de euro. Van de Caraïben tot de Arabische Golf hebben landen hun valuta vastgekoppeld aan de Amerikaanse dollar.

Andere centrale banken kiezen voor een minder rigide aanpak. In plaats van een vaste wisselkoers na te streven, staan ze toe dat de wisselkoers binnen bepaalde grenzen varieert. Hun eigen munt mag dan niet te duur noch te goedkoop worden tegenover de referentievaluta.

Een mandaat om de wisselkoers te bewaken beperkt natuurlijk de flexibiliteit van de centrale bank. We weten dat een centrale bank in principe zoveel van haar eigen geld kan maken als ze wil. Buitenlandse munten kan ze niet bijdrukken. De centrale bank heeft een beperkte hoeveelheid activa in vreemde valuta. Stel dat er een uitstroom is van geld uit een land dat haar munt gekoppeld heeft aan de dollar. De dollarreserves van de centrale bank raken uitgeput naarmate meer lokaal geld ingewisseld wordt voor dollars.

Aanvankelijk zal de centrale bank proberen de wisselkoers te verdedigen door de rente te verhogen. Dit moet investeerders overtuigen om hun geld in het land te houden, aangezien ze zo een hoger rendement kunnen behalen. Hogere rentevoeten verhogen echter de financiële kosten voor bedrijven, wat vervolgens leidt tot een lagere groei en meer werkloosheid.

Als een centrale bank niet langer in staat is de vaste wisselkoers te verdedigen, wordt ze gedwongen te devalueren. Tijdens een devaluatie verlaagt de centrale bank of de regering de prijs van de eigen munt ten opzichte van een vreemde valuta. In tegenstelling tot een depreciatie, die gedreven wordt door private spelers op de markt, is een devaluatie officieel beleid.

Een beroemde devaluatie vond plaats op "Zwarte Woensdag", woensdag 16 september 1992. Toentertijd hadden verschillende Europese landen ervoor gekozen om hun wisselkoersen binnen bepaalde grenzen te laten zweven. Door economische verschillen – vooral ten opzichte van Duitsland – werden de wisselkoersen echter onhoudbaar. Op Zwarte Woensdag devalueerde de Bank of England het Britse pond ten opzichte van de Duitse mark. Speculant George Soros verdiende een miljard pond dankzij posities die deze monetaire schok voorspelden. [64]

Centrale banken kunnen ook verhinderen dat hun munt teveel versterkt. Tijdens de eurocrisis vluchtten investeerders naar een veilige haven, de Zwitserse frank. Een vergaande appreciatie van de frank zou echter de winstgevendheid van Zwitserse uitvoerders zoals Nestlé in het gedrang gebracht hebben. De Zwitserse Nationale Bank intervenieerde door onbeperkt franks te kopen aan een koers van 1,20 frank per euro. Dit plafond werd pas opgegeven in 2015. [65]

Obligaties

Basisbegrippen

De eerste hoofdstukken van dit boek legden uit hoe banken leningen verstrekken. Overheden en grote bedrijven kunnen ook rechtstreeks geld lenen bij de bevolking. Dat doen ze door obligaties uit te geven.

Stel dat een onderneming honderd miljoen euro nodig heeft om de overname van een concurrent te bekostigen. Ze geeft 100 000 obligaties uit die elk een nominale waarde hebben van 1000€. Investeerders kunnen één of meerdere van deze obligaties kopen.

Een entiteit die geld leent bij het publiek zal meestal minder rente betalen op de obligatie dan op een vergelijkbare banklening. Voor de kleine spaarders die intekenen op de obligatie, ligt de rente dan weer hoger dan wat ze krijgen op een spaar- of termijnrekening. Tussen de lener en de spaarder zit immers geen bank die een rentemarge moet verdienen.

De banken worden echter niet helemaal buiten spel gezet wanneer een bedrijf obligaties uitgeeft. Sommige banken treden immers op als *underwriter*. Dat betekent dat de bank de obligaties aanbiedt aan haar klanten. Wanneer de bank niet genoeg kopers vindt, verbindt ze zich ertoe de rest van de obligaties zelf te kopen. Zo is de uitgever zeker dat ze het nodige geld zal ophalen. De underwriter verdient een commissie voor haar diensten.

De vaste nominale waarde van een obligatie wordt de hoofdsom genoemd. De looptijd van een obligatie is vastgelegd door de einddatum waarop de hoofdsom moet terugbetaald worden. Obligatiehouders krijgen op geregelde tijdstippen rente uitbetaald. Die rente wordt ook een coupon genoemd. Een overheid kan bijvoorbeeld een obligatie met een looptijd van vijf jaar en een jaarlijkse rente van vier procent uitgeven. Elk kwartaal wordt er een coupon ter waarde van één procent van de hoofdsom uitbetaald. Op het einde van de vijf jaar krijgt de obligatiehouder zijn hoofdsom terug.

Sommige obligaties betalen alle rente op de einddatum. De houders van dergelijke nulcouponobligaties ontvangen geen rente tijdens de looptijd. In ruil krijgen ze op de einddatum de hoofdsom en de samengestelde interest (de rente op rente) uitbetaald.

Eeuwigdurende obligaties hebben geen einddatum. De uitgever betaalt op regelmatige tijdstippen een coupon uit aan de obligatie-houder, maar belooft niet om de hoofdsom terug te betalen.

De vroegste voorlopers van de hedendaagse obligaties waren ook eeuwigdurend. Rijke burgers van het middeleeuwse Venetië moesten inschrijven op de *prestiti*. [66] De overheidsobligaties avant la lettre keerden om de zes maand rente uit. Deze inno-vatie stelde stadstaat Venetië in staat om goedkoper te lenen dan andere landen. Dankzij de prestiti moesten de Venetiaanse macht-hebbers niet abrupt de belastingen verhogen wanneer er extra uit-gaven waren, bijvoorbeeld in geval van oorlog.

De handel in obligaties

De obligatiemarkt

In de voorwaarden van een banklening staat dat de lener het geld met rente moet terugbetalen aan de bank. Een uitgever van een ob-ligatie heeft daarentegen geen contract met één specifieke tegen-partij. De uitgever heeft een verplichting aan wie de obligatie bezit. Daardoor kunnen obligatiehouders hun waardepapieren verkopen aan andere investeerders. Ze moeten niet wachten tot de vervalda-tum vooraleer ze hun obligaties kunnen verzilveren.

Hoewel de obligatiemarkt niet vaak in het nieuws komt, heeft ze een enorme omvang. In 2014 waren alle uitstaande obligaties samen meer dan honderd biljoen dollar waard. [67]

Eén enkel bedrijf of overheid kan tientallen obligaties uitgeven, elk met een verschillende looptijd of uitgedrukt in een andere munt. Deze verscheidenheid compliceert de handel in obligaties.

Er zijn niet altijd kopers en verkopers op de markt voor een gegeven obligatie. Zonder aan- en verkooporders is een markt *illiquide*. Illi-quiditeit betekent dat de verkoop van een obligatie de koers ervan significant naar beneden zou duwen. Soms worden de obligaties van kleinere bedrijven maandenlang niet verhandeld. De markt voor Amerikaanse staatsobligaties is dan weer heel liquide.

Waardering

Afgezien van underwritingkosten is de prijs van een obligatie bij uitgave gelijk aan de hoofdsom. Maar wat bepaalt de prijs van obligaties op de secondaire markt, dat wil zeggen de markt voor bestaande obligaties?

Een eerste belangrijk punt is de kredietwaardigheid van de uitgever. Winstgevende bedrijven met goede financiële vooruitzichten zullen hoogstwaarschijnlijk hun obligaties terugbetalen. Hetzelfde geldt voor landen met een sterke economie die vroeger ook hun schulden betaalden. Obligatie-uitgevers met een hoge schuldgraad en twijfelachtige inkomsten zullen vaker in gebreke blijven.

Kredietbeoordelaars als Moody's en Standard & Poor's schatten in hoe degelijk obligaties zijn. Deze ratingagentschappen wijzen een kredietbeoordeling (of 'rating') toe aan obligaties die gaat van AAA ('triple A') tot D (default, wanbetaling). Kandidaat-kopers op de secondaire markt gebruiken de ratings als indicatie van het risico dat een obligatie met zich meebrengt. Normaal gezien zal de prijs van een obligatie dalen wanneer ze een slechtere kredietbeoordeling krijgt.

Tijdens de financiële crisis van 2008 werd duidelijk dat de krediet-scores geen juiste weergave waren van het echte risico van obligaties. De ratingagentschappen hadden een serieus belangenconflict. Ze werden door de uitgevers betaald om een kredietscore te plakken op hun obligaties. Als de obligaties een slechte rating kregen, zou de uitgever meer rente moeten betalen bij nieuwe uitgiftes. De krediet-beoordelaars hadden dus een drijfveer om hun klanten tevreden te houden door hun obligaties een goede rating toe te kennen. [68]

Toch hebben de meeste bewegingen op de obligatiemarkt niets te maken met het risico op wanbetaling. Over het algemeen zijn obli-gatie-uitgevers stabiele entiteiten.

De prijs van obligaties op de secondaire markt wordt voornamelij-k beïnvloed door de rentes. Professionele handelaren noemen obligaties ook wel 'fixed income', effecten met een vaste rente.

Obligaties betalen een vaste nominale rente[8] uit. Dat gebeurt tot aan de einddatum, die nog vele jaren in de toekomst kan liggen.

De vaste interest creëert een opportuniteitskost voor obligatiehouders. Investeerders zetten hun geld vast aan een zekere rente tot de obligatie op haar vervaldag komt. Als de rentes stijgen, kan iemand met cash nieuwe obligaties kopen die een hogere rente beloven.

Als algemene regel kunnen we stellen dat de prijzen van obligaties op de secondaire markt stijgen wanneer de rentevoeten dalen. Wanneer de rente stijgt, dalen de koersen van obligaties.

Het volgend voorbeeld illustreert dit principe. Een investeerder bezit een risicoloze staatsobligatie met een nominale waarde van 100$ en een jaarlijkse coupon van 2%. De obligatie komt binnen vijf jaar op haar vervaldag. Om de zaken zo eenvoudig mogelijk te houden, gaan we er van uit dat de rentecurve ('yield curve') vlak is en 2% bedraagt. De rentecurve is een grafiek die de jaarlijkse effectieve rente op obligaties weergeeft in functie van hun resterende looptijd, zoals getoond in figuur 17.

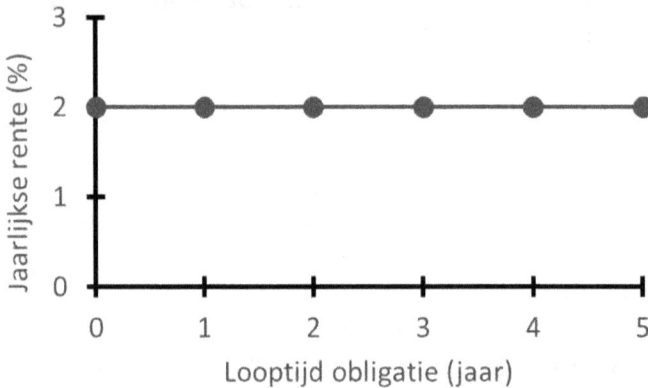

Figuur *17*: Vlakke rentecurve van 2%

---

8   Er bestaan ook obligaties die de houder beschermen tegen inflatie. De coupons en de waarde op de einddatum van dergelijke obligaties hangen af van de inflatie. Dit soort obligatie is echter zeldzaam, de meeste obligaties hebben een vaste coupon.

In totaal zal de obligatiehouder 110€ ontvangen: de hoofdsom van 100€ op de einddatum plus vijf keer de jaarlijkse coupon van 2€. We negeren hier het feit dat de coupons ook geherinvesteerd kunnen worden.

Een andere investeerder koopt een éénjarige obligatie met een hoofdsom van 100€ en een jaarrente van 2%. Op het eind van het jaar wordt de hoofdsom opnieuw belegd in een nieuwe obligatie van één jaar met een rente van 2%. De belegger herhaalt deze strategie tot het eind van de looptijd van de vijfjarige obligatie. De tweede investeerder heeft na vijf jaar in totaal ook 110€ ontvangen. Dit voorbeeld toont aan dat het redelijk is dat de investeerder uit het eerste voorbeeld zijn obligatie voor 100€ zou verkopen op de secondaire markt.

Stel nu dat de rentecurve naar 0% zakt van zodra de twee beleggers uit het voorbeeld hierboven hun obligaties kopen. Er zijn geen risicovrije obligaties meer met een gegarandeerde positieve opbrengst. Nu zou de eigenaar van de vijfjarige obligatie 110€ euro moeten vragen op de secondaire markt. Dat is namelijk de hoeveelheid geld die hij in totaal zal ontvangen. De investeerder die de éénjarige obligatie kocht, kan daarentegen zijn geld niet meer zonder risico beleggen en nog steeds winst boeken. Hij zal slechts 102€ verdienen op vijf jaar tijd. Het voorbeeld illustreert dat obligaties, en dan vooral lang lopende obligaties, waardevoller worden wanneer de rente daalt.

Omgekeerd zou de rentecurve ook kunnen stijgen naar 4%. In dat geval kan een investeerder die 100€ cash heeft investeren in een nieuwe obligatie die 120€ zal opbrengen over vijf jaar (100€ hoofdsom + 5 x 4€ interest). Mocht deze investeerder de bestaande vijfjarige obligatie met een jaarlijkse coupon van 2% willen kopen, dan zal hij minder betalen dan de nominale hoofdsom van 100€, zodanig dat hij een effectieve rente krijgt van 4%. De exacte prijs voor de obligatie met een rente van 2% kan berekend worden door de geldstromen ervan te verdisconteren, maar dat valt buiten het bestek van dit boek.

Aandelen

Basisbegrippen

Laten we beginnen met een voorbeeld. Enzo is een ondernemer met een zakenplan. Om zijn ideeën in de praktijk om te zetten, heeft hij 100 000€ nodig. Helaas heeft Enzo zelf maar 20.000€ in cash. Bankier Bob oordeelt dat Enzo's plannen te onzeker zijn om hem een lening toe te staan. Zonder geld zal Enzo zijn bedrijf niet kunnen opstarten.

Kapitalist Karl sluit een deal met Enzo. Karl investeert 80.000€ in Enzo's bedrijfje. In ruil wordt Karl mede-eigenaar van het kapitaal van de nieuwe zaak. De balansen van het bedrijf en de eigenaars worden weergegeven in figuur 18.

Bedrijf		Enzo	Karl
100 000€ (cash)	100 000€ (kapitaal)	20 000€ (kapitaal)	80 000€ (kapitaal)

Figuur *18*: Balansen van het bedrijf en de eigenaars bij de opstart. Het eigen vermogen of kapitaal van het bedrijf hoort bij de activa van Enzo en Karl.

Karl en Enzo komen overeen hun respectief belang in de firma te verdelen volgens de hoeveelheid geld die ze elk investeerden, dus 80% voor Karl en 20% voor Enzo. Praktisch wordt dit geregeld met aandelen. Aandelen zijn claims op het eigen vermogen (= kapitaal) van een bedrijf. Voor de aandeelhouders zijn het financiële activa. Het aantal aandelen wordt vastgelegd bij de oprichting van het bedrijf. Elk aandeel stelt een gelijke fractie van het eigen vermogen voor. Als het bedrijf uit ons voorbeeld gestart wordt met 1000 aandelen, krijgt Karl er 800 en Enzo 200.

Aandeelhouders kunnen hun kapitaal niet terugtrekken uit de firma. Ze kunnen wel hun aandelen verkopen. Als het bedrijf winst maakt, dan stijgt het eigen vermogen per aandeel. In dat geval zullen Karl en Enzo hun aandelen voor een hogere prijs willen verkopen dan wat ze er oorspronkelijk voor betaalden. Het bedrijf zou ook een deel van de winst kunnen uitkeren aan haar aandeelhouders. Deze betalingen worden dividenden genoemd.

Aandelen zijn overigens meer dan alleen financiële activa. Uitzonderingen niet te na gesproken geeft ieder aandeel de aandeelhouder één stemrecht op de algemene vergadering van het bedrijf. Bestuurders worden aangesteld of afgezet door de meerderheid van de aanwezige stemmen.

Eén jaar na de oprichting heeft Enzo's bedrijf apparatuur gekocht, is het een lening aangegaan en heeft het de meeste van haar cash uitgegeven. De balans in figuur 19 vat de financiële toestand samen. Het eigen vermogen vinden we door de totale waarde van de activa (65.000€) te verminderen met de schulden (50.000€).

Bedrijf	
5 000€ (cash)	15 000€ (kapitaal)
60 000€ (apparatuur)	50 000€ (lening)

Figuur *19*: Balans van Enzo's bedrijf na één jaar.

Het bedrijf heeft verlies gemaakt. Het eigen vermogen is gekrompen van 100.000€ tot 15.000€. Dit voorbeeld illustreert het risico dat de aandeelhouders lopen. In plaats van winst op te leveren, is de investering van Enzo en Karl stevig in waarde gedaald. In het slechtste geval gaat het bedrijf failliet en zijn de aandelen helemaal niets meer waard.

Enzo is er echter van overtuigd dat hij zijn bedrijf winstgevend kan maken. Het bedrijf heeft alleen extra geld nodig. Een kapitaalsverhoging, wat neerkomt op het uitgeven van nieuwe aandelen, moet de solvabiliteit van het bedrijf verbeteren. Meestal krijgen de bestaande aandeelhouders als eersten de kans om te participeren in de kapitaalsverhoging. Wanneer Enzo en Karl echter geen extra geld investeren, dan moet het bedrijf op zoek naar nieuwe aandeelhouders. Stel dat het bedrijf een kapitaalsinjectie van 45.000€ nodig heeft. Investeerder Carly koopt 3000 nieuwe aandelen aan 15€ per stuk. Zo wordt ze de grootste aandeelhouder. Het belang van Enzo in het bedrijf verwatert van 20% naar 5%, dat van Karl krimpt van 80% naar 20%.

De beurs

De meeste bedrijven zijn niet beursgenoteerd. Het eigen vermogen van de bakkerij om de hoek is hoogstwaarschijnlijk het eigendom van de bakker zelf. Er zijn geen buitenstaanders die aandelen bezitten van zijn zaak. Dat is ook zo voor sommige grote bedrijven. De aandelen van voedingsmultinationals Cargill en Mars worden gecontroleerd door families. [69] Kleine investeerders kunnen geen aandelen kopen in dergelijke private bedrijven. Alleen *private equity* spelers beschikken over het kapitaal en de connecties om private bedrijven te kopen.

Het is echter vaak zo dat de aandelen van grote bedrijven – tenminste deels – in handen zijn van het publiek. Er zijn heel wat beleggers die aandelen van Apple of ExxonMobil in hun portefeuille hebben.

Voor de oorsprong van de aandelenbeurs moeten we teruggaan naar het jaar 1602. Toen werd de Vereenigde Oostindische Compagnie (VOC) opgericht. De VOC kreeg van de Republiek der Zeven Verenigde Nederlanden het monopolie op de handel met Azië. Haar aandeelhouders waren rijke kooplui, maar ook minder vermogenden investeerden in de Compagnie. Ze deelden de risico's van schepen die de halve wereld rond zeilden. [70]

Samen met de VOC werd de aandelenbeurs in Amsterdam geboren. Mensen die geen aandelen hadden gekocht bij de oprichting, wilden later toch participeren in het kapitaal. Aan deze vraag werd voldaan door beleggers die hun aandelen verkochten. Er ontstond dus een markt in aandelen. Bedrijfsaandelen bestonden daarvoor al, maar die activa waren illiquide, je kon er niet snel een goede prijs voor krijgen. Dankzij de markt konden aandelen wel vlot verkocht worden. De aandelenhandel had overigens geen impact op de activa of het eigen vermogen van de VOC. Enkel de eigenaars van het bedrijfskapitaal veranderden.

De prijs van het VOC aandeel bewoog ten gevolge van het nieuws dat de handelaars in Amsterdam bereikte. Wanneer een schip verging, betekende dat immers minder winst voor de Compagnie. Slecht geïnformeerde investeerders waren gemakkelijke prooien voor bedriegers die aandelen wilden verhandelen aan een nadelige prijs. Daarom ging men al gauw vertrouwen op gereputeerde makelaars die de markt goed kenden. De effectenmakelaars ontmoetten andere handelaars op de beurs.

De aandelenmarkten zijn enorm gegroeid sinds de zeventiende eeuw. Dagelijks worden er aandelen van duizenden bedrijven verhandeld. Volgens de Wereldbank bedroeg de totale marktkapitalisatie – de waarde van een bedrijf die berekend wordt door de aandelenkoers te vermenigvuldigen met het aantal aandelen – van alle beursgenoteerde ondernemingen samen zo'n 60 biljoen dollar in 2013. [71]

Vandaag worden beursorders niet langer door mensen verwerkt, maar door computers. De invloed van het nieuws op de aandelenkoersen is echter al eeuwenlang een constante factor gebleven. Beleggers volgen het bedrijfsnieuws op de voet. Een overnamebod, een grote bestelling, het verlies van een belangrijke klant, juridische perikelen of geopolitieke spanningen worden direct vertaald in de beurskoersen.

De evolutie van een groep aandelen vat men samen aan de hand van indexen. Een index is de prijs van een korf van meerdere aandelen, bijvoorbeeld allemaal banken of allemaal farmaceutische bedrijven. De Dow Jones index doet wellicht bij de meeste mensen wel een belletje rinkelen. Dichter bij huis zijn de bekendste beursindexen de Nederlandse AEX en de Belgische BEL20. Financiële kenners volgen dan weer de S&P 500 op de voet, een index met de 500 grootste Amerikaanse beursgenoteerde bedrijven.

Omdat de aandelenmarkt altijd in beweging is, is het een dankbaar onderwerp voor financiële journalisten. De meeste prijsschommelingen kunnen we echter niet linken aan specifiek nieuws. Experts kunnen de ene dag uitleggen waarom de aandelen stegen. De volgende dag komen ze met een verhaaltje op de proppen dat verklaart waarom de koersen daalden, terwijl er fundamenteel niets veranderd is.

Waardering

Hoeveel is een aandeel waard? Aandelen hebben geen vaste waarde. Ze hebben ook geen vervaldatum. Deze eigenschappen maken aandelen wezenlijk verschillend van andere waardepapieren als termijnrekeningen en obligaties.

Er zijn meerdere manieren om de prijs van aandelen te bepalen. Fundamentele waarderingsmethodes zijn gebaseerd op de gekende financiële cijfers van het onderliggend bedrijf. Andere waarderingsmethodes focussen zich dan weer op voorspellingen van de toekomstige bedrijfsresultaten of op niet-financiële statistieken. Finaal is de marktprijs de waarde waarbij een koper en een verkoper besluiten om de aandelen te verhandelen.

Fundamentele waarde

De boekwaarde van een bedrijf is het quotiënt van het eigen vermogen en het aantal aandelen. In het voorbeeld van Enzo en Karl was de oorspronkelijke boekwaarde 100€ per aandeel. Na een jaar was de boekwaarde nog maar 15€/aandeel.

Als we de boekwaarde opvolgen, vertrouwen we erop dat de boekhouding een correcte voorstelling biedt van de financiële toestand van een bedrijf. Helaas is dat niet altijd het geval. Enron was een energiebedrijf met een marktkapitalisatie van 70 miljard dollar. [72] Toch ging Enron in 2001 bankroet nadat aan het licht kwam dat de topmanagers jarenlang het eigen vermogen overdreven hadden door verplichtingen van het bedrijf te verbergen.

Ook als er geen fraude in het spel is, is het moeilijk om het eigen vermogen van een bedrijf te meten. Denk maar aan de kredietportefeuille van een bank. Niemand kan met zekerheid zeggen hoeveel die waard is, omdat we niet weten hoeveel wanbetalers er tussen zullen zitten.

Naast de boekwaarde volgen investeerders ook de koers-winstverhouding. Die verhouding deelt de prijs van een aandeel door de winst die het bedrijf maakt per aandeel. Dit is equivalent met het quotiënt van de marktkapitalisatie en de jaarwinst.

Sommige beleggers zijn vooral geïnteresseerd in de dividenden die aandelen opbrengen. Doorgaans wijst een dividend dat jaar na jaar constant blijft of groeit op een goed draaiend bedrijf.

Alternatieve waarderingsmethodes

Waarom hebben sommige aandelen een beurskoers die tien keer hoger ligt dan de boekwaarde, terwijl bij andere bedrijven de marktkapitalisatie kleiner is dan hun eigen vermogen? Wie is zo gek om een aandeel met een koers-winstverhouding van 700 te kopen? En waarom zou je aandelen willen van een bedrijf dat nog nooit een dividend uitgekeerd heeft?

Het antwoord op al deze vragen zit in het feit dat beurskoersen toekomstgericht zijn.

Het is normaal dat een aandeel onder de boekwaarde noteert wanneer verwacht wordt dat het bedrijf nog jarenlang verliezen zal boeken. Hoge aandelenkoersen kunnen volstrekt verantwoord zijn door het vooruitzicht op toekomstige winsten.

Soms baseren analisten hun koersdoel op niet-financiële cijfers. In 2014 kocht Facebook WhatsApp voor 22 miljard dollar. Nochtans had de startup het jaar voordien slechts een omzet van 10 miljoen dollar. [73] Aandeelhouders van dit soort technologiebedrijven focussen zich vooral op de groei van het aantal gebruikers. Ze hopen dan dat de winst later wel zal volgen of dat een grote speler het bedrijf zal overnemen.

Beleggingsstrategieën

Passieve beleggers volgen een *buy and hold* strategie. Ze maken zich geen zorgen over de volatiliteit op de markt. Buy and hold beleggers verkopen hun aandelen pas jaren na aankoop, hopelijk aan een veel hogere koers dan deze waarbij ze instapten. Tussen de aankoop en de verkoop kunnen ze genieten van de dividenden die hun aandelenportefeuille oplevert.

Actieve beleggers hebben minder geduld. Deze traders speculeren op prijsbewegingen op kortere termijn. Voor flitshandelaars (*high frequency traders*) kan de korte termijn betekenen dat ze aandelen minder dan een milliseconde na de aankoop al weer verkopen. Ze identificeren trends op de markt met behulp van algoritmes die op krachtige computers draaien.

Enkelingen begeven zich in de illegaliteit door te handelen met voorkennis. Insiders maken dan misbruik van de geheime informatie die ze hebben over een bedrijf. Een boekhouder die weet dat zijn werkgever een onverwacht hoge winst geboekt heeft, zou bijvoorbeeld aandelen kunnen kopen voor het nieuws bekend gemaakt wordt. Wanneer de koers opveert na publicatie van de kwartaalcijfers, kan de boekhouder de aandelen met een meerwaarde verkopen.

Short sellers of kortweg *shorters* zijn speculanten die geld proberen te verdienen uit de dalende koers van aandelen. De shorter leent aandelen en verkoopt ze op de beurs in de verwachting dat de koers verder zal dalen. Hij koopt de aandelen na een tijd terug, maar aan een lagere prijs. De shorter betaalt een commissie aan de uitlenende partij. Na afloop geeft hij de geleende aandelen terug aan de eigenaar. De winst voor de shorter bestaat uit het prijsverschil tussen de verkoop en de terugkoop van de aandelen, min de gemaakte kosten.

Waardebeleggers kopen aandelen op basis van hun waardering. Maar emoties zijn minstens zo belangrijk dan waarderingen, zo niet belangrijker, om de beurs te begrijpen. Hogere prijzen kunnen euforie veroorzaken. Ze trekken nieuwe speculanten aan, die op hun beurt de prijzen verder opdrijven. Soms panikeren aandeelhouders dan weer door zakkende koersen. Ze gooien hun aandelen op de markt, waardoor de prijzen nog meer onder druk komen te staan.

De diversiteit aan beleggingsstrategieën en het collectief gedrag van investeerders maakt het erg lastig om te voorspellen hoe de beurs zal bewegen. Zelfs de knapste koppen hebben de markt verkeerd ingeschat. In 1996 waarschuwde Alan Greenspan, op dat moment de voorzitter van de Federal Reserve, voor de irrationele uitbundigheid van beleggers. [74] De beurskoersen bleven nog vier jaar verder stijgen. Sir Isaac Newton verloor in 1720 een fortuin door de zeepbel in aandelen van de South Sea Company. De beroemde natuurkundige merkte op dat hij dan wel de beweging van de sterren kon berekenen, maar niet de waanzin van de mensen. [75]

Waar gaat het geld naartoe in een crash?

Telkens de beurzen sterk dalen, zijn er beginnende beleggers die willen weten waar hun geld naartoe is. Met 'hun geld' bedoelen ze eigenlijk de waarde van hun activa. Ze hebben een instinctief geloof dat er iemand moet zijn die profiteert van de dalende koersen. Dat is echter niet het geval, wanneer we shorters buiten beschouwing laten.

Een crash gebeurt typisch binnen een tijdsspanne van dagen of weken. In die tijd blijft de hoeveelheid geld en aandelen ongeveer constant. Hetgeen wel dramatisch verandert is de prijs die investeerders willen betalen voor aandelen. Een aantal beleggers hebben de vaardigheid of het geluk om hun aandelen te cashen nabij een beurspiek. Nadat de prijzen gedaald zijn, kunnen ze goedkoop aandelen op de kop tikken.

Soms zegt men dat er geld aan de zijlijn staat te wachten om in aandelen te stappen. Dat argument zou stijgende beurskoersen moeten verantwoorden. Critici wijzen er terecht op dat de hoeveelheid geld niet verandert wanneer het gebruikt wordt om aandelen te kopen. Geld stroomt niet 'in' activa als aandelen. Cash en aandelen veranderen enkel van eigenaar.

Toch is het idee van geld aan de zijlijn zo gek nog niet. Het kan dat er veel mensen van plan zijn om aandelen te kopen, maar dat ze op een bepaald moment vooral cash aanhouden. Beleggers die wel veel aandelen in portefeuille hebben kunnen dan een hoge prijs vragen voor hun gegeerde effecten.

Fondsen

Diversificatie is één van de fundamenten van voorzichtig vermogensbeheer. Een portefeuille die uitsluitend aandelen van één enkel bedrijf bevat, staat bloot aan catastrofale risico's wanneer het bedrijf failliet zou gaan. Investeerders die hun vermogen op lange termijn willen uitbouwen kunnen beter een mix van aandelen en obligaties aanhouden. Een gespreide portefeuille verkleint de kans dat de volledige investering in rook opgaat.

Zelfstandig een voldoende gespreide portefeuille uitbouwen is een dure zaak voor kleine beleggers. Ze zouden veel transactiekosten moeten betalen om honderden effecten te kopen. Daarnaast zijn er maar weinig mensen die de tijd en kennis hebben om die allemaal op te volgen.

Beleggingsfondsen bieden een oplossing voor dit probleem. Door het kapitaal van meerdere beleggers te bundelen, creëren fondsen een schaalvoordeel. Er is één grote portefeuille die moet beheerd worden. De beleggers krijgen deelbewijzen in het fonds in verhouding tot hun inleg. Professionele fondsenbeheerders investeren het geld in aandelen, obligaties of vastgoed. De klanten betalen een vergoeding voor de diensten van de aanbieder van het fonds.

Beleggingsfondsen zijn vaak rond een thema gebouwd. Sommige fondsen investeren in rusthuizen of commercieel vastgoed. Andere fondsen spitsen zich dan weer toe op goudmijnen, 3D printen, groene technologie of opkomende markten. Dankzij dergelijke fondsen kan je met een beperkt vermogen toch in een specifieke sector investeren.

Gemiddeld gezien doen beleggers die een beperkt aantal aandelen kiezen het slechter dan de beurs als geheel. Wanneer je in heel veel aandelen investeert, ga je ook een paar bedrijven in je portefeuille hebben die het uitzonderlijk goed doen. Vandaar dat er fondsen zijn die de prestatie van beursindexen als de S&P 500 volgen, terwijl ze heel lage beheerskosten aanrekenen. Dat verklaart de popolariteit van fondsenbeheerders zoals Vanguard, dat maar liefst 3,5 biljoen dollar controleert. [76]

Het zijn overigens niet enkel beleggingsfondsen waarin immense sommen geïnvesteerd zijn. In de OESO-lidstaten beheren pensioenfondsen gezamenlijk 25 biljoen dollar. [77]

Een aantal landen leggen een spaarpot aan voor toekomstige generaties. Dat gebeurt in de vorm van staatsfondsen, ook wel *sovereign wealth funds* genoemd. Het Noorse staatsfonds, gespekt door inkomsten uit olie, was in 2016 zo'n 800 miljard dollar waard. [78]

Hedgefondsen zijn investeringsmaatschappijen die enkel toegankelijk zijn voor rijke cliënten. Hedgefondsen zoals het Amerikaanse Renaissance Technologies slagen er in om jaren aan een stuk beter te presteren dan de markt. [79] Daardoor kunnen hedgefondsen ook hoge beheerskosten verantwoorden.

Als we echter alle hedgefondsen samen bekijken, blijkt dat ze sinds 2009 slechtere resultaten neerzetten dan de S&P 500 index. Lagekostenfondsen die een beursindex volgen zijn vaak betere alternatieven. [80]

De concentratie van bedrijven bij gigantische vermogensbeheerders doet wel vragen rijzen. Stel je in de plaats van een fondsenbeheerder die aandelen bezit van verschillende bedrijven uit dezelfde sector. Je wil niet dat ze een prijzenoorlog ontketenen. Terwijl meer concurrentie goed zou zijn voor de klanten van die bedrijven, zouden de bedrijfswinsten dalen en daarmee ook de waarde van je aandelen. [81] Een ander punt van kritiek gaat over de aandeelhoudersverantwoordelijkheid van fondsenbeheerders. Het is bijna onmogelijk dat een groot fonds de duizenden bedrijven in haar portefeuille grondig controleert.

Vastgoed

Een vreemde eend in de bijt

Dit boek spitst zich toe op de financiële kant van de economie. Geld, obligaties, aandelen en verzekeringscontracten zijn in wezen abstracte producten. Ze kunnen dan wel op papier gedrukt zijn, maar die fysieke vorm is niet essentieel. Financiële activa drukken relaties uit tussen rechtspersonen.

Vastgoed is precies het tegenovergestelde. Geld op een bankrekening kan je niet vastnemen, een huis wel.

De niet-financiële economie valt buiten het bestek van *Hoe bankiers geld scheppen*. Toch zijn er twee goede redenen om het hier over vastgoed te hebben.

Voor veel gezinnen is hun huis ook hun meest waardevolle eigendom. In de eurozone is de gezinswoning goed voor 56% van het netto-vermogen van de huishoudens. [82]

Ten tweede maken leningen voor vastgoed een significant deel uit van de totale kredietvolumes. Veertig procent van de totale privé-schulden in de Verenigde Staten bestaat uit hypotheekleningen. [83] [84]

Huisvesting als een investering

Wat bepaalt de prijs van een huis? Er zijn meerdere invalshoeken om deze schijnbaar eenvoudige vraag te beantwoorden. Laten we kijken hoe enkele spelers op de vastgoedmarkt geld verdienen.

Een ontwikkelaar die een nieuw huis laat bouwen zal winst maken als hij het pand kan verkopen aan een prijs die hoger ligt dan zijn kosten. Deze kosten omvatten het land en de bouwmaterialen. De ontwikkelaar moet ook een architect en bouwvakkers betalen en machines huren. De nodige (bouw)vergunningen zijn nog een factor die de kosten opjaagt.

Een verhuurder maakt een andere berekening. Zijn huurinkomsten moeten minstens de eigendomskosten dekken. Eén van deze kosten is de rente op de lening die werd afgesloten om de woning te kopen. Daarnaast zijn er nog onderhoudskosten en verzekeringen. Bij het bepalen van de huur moet de eigenaar ook rekening houden met het feit dat het pand soms kan leegstaan. Bovendien bestaat het risico dat de huurders hun contractuele verplichtingen niet zullen nakomen. Dat betekent gederfde inkomsten en mogelijke juridische kosten voor de verhuurder.

Investeerders maken winst wanneer ze een huis verkopen na een prijsstijging. Dit is niet enkel relevant voor speculanten die huizen kopen om ze snel daarna door te verkopen. In financieel opzicht is een gezinswoning een langetermijninvestering. Na een generatie kan de waarde van de woning verschillende keren hoger liggen dan de oorspronkelijke aankoopprijs. Wie op kortere termijn in vastgoed belegt, moet wel opletten voor hoge transactiekosten. De meerwaarde moet opwegen tegen de belastingen en notariskosten die je moet betalen.

Maar laten we terugkeren naar de vraag hoeveel huizen waard zijn. De marktprijs voor vastgoed hangt voor een groot deel af van de locatie. Steden met veel werkgelegenheid trekken nieuwe bewoners aan, waardoor de vraag naar woningen stijgt. Een slechte buurt die een gentrificatieproces doorloopt wordt aantrekkelijk voor kopers. En beide gevallen moet er niets veranderen aan de kwaliteit van de gebouwen zelf om hogere prijzen te verantwoorden. De marktwaarde gaat omhoog omdat de omgeving verbetert.

Een hoge vraag naar woningen binnen een beperkt gebied is een droomscenario voor ontwikkelaars. Bestaande bewoners die in hun eigen huis wonen hebben andere belangen. Die laatsten houden meestal van de buurt zoals ze is, met een beperkte concentratie huizen en zonder hoogbouw. Soms worden hun voorkeuren politiek vertaald in bouwbeperkingen.

De combinatie van een grote vraag naar woonruimte en een beperkt aanbod kan tot spectaculaire prijsstijgingen leiden, zelfs als we rekening houden met de inflatie. Neem Silicon Valley als extreem voorbeeld. De cluster van technologiebedrijven als Google en Facebook werkt als een magneet op softwareontwikkelaars en andere werknemers. De mediaanprijs voor een huis in Silicon Valley bedroeg in 2016 een miljoen dollar. [85] Begin jaren 1970 kon je daar nog een huis kopen voor 30.000$. [86]

Aangezien iedereen ergens moet wonen, is de prijs van woningen voor de meeste mensen belangrijker dan de prijs van andere activa zoals aandelen. Hoe hoger het aandeel van de huur of hypotheek-betalingen in het gezinsbudget, hoe minder betaalbaar woningen zijn. Londen is berucht voor haar hoge huisvestingskosten. Huizen-prijzen bedragen in de Britse hoofdstad zo'n veertien keer het gemiddelde jaarsalaris. [87]

Kopen of huren?

Ieder gezin moet kiezen tussen het huren en het kopen van een woning. De volkswijsheid zegt dat kopen altijd beter is. Huur zou immers "weggesmeten geld" zijn. De realiteit is genuanceerder.

Ten eerste is deze keuze niet enkel een financiële beslissing. Mensen hebben een emotionele band met hun huis. Eigenaars hebben meer vrijheid dan huurders om aanpassingen te doen aan hun woning. Huurders kunnen dan weer gemakkelijker verhuizen en ze zijn niet verantwoordelijk voor grote onderhoudswerken.

Hier concentreren we ons enkel op de financiële aspecten van het dilemma 'kopen of huren'.

Wanneer je een huis koopt met geleend geld, verwerf je een actief (het huis) waar een verplichting (de hypotheekschuld) tegenover staat. Als de waarde van het huis niet daalt, dan stijgt je eigen ver-mogen naarmate je de hypotheek afbetaalt. Je moet er wel rekening mee houden dat je als eigenaar kosten hebt die een huurder niet moet betalen.

Een huurder heeft geen onroerend actief en bouwt dus geen eigen vermogen op door huur te betalen. Daar staat tegenover dat de maandelijkse huur meestal lager ligt dan een hypotheekaflossing voor een vergelijkbaar pand. De huurder kan het verschil beleggen om een eigen vermogen op te bouwen. Als hij er in slaagt om zijn activa sneller te doen aangroeien dan het eigen vermogen van de koper, dan ziet huren er al aantrekkelijker uit. Denk er echter aan dat de huurder altijd huur moet blijven betalen. Na afloop van de hypotheek heeft een koper minder kosten.

Er zijn overigens nog andere factoren die een vergelijking tussen kopen en huren moeilijk maken. In veel landen krijg je een belastingkorting als je hypotheekrente betaalt. Ook de evolutie van de huizenprijzen is een cruciale onbekende die een grote invloed heeft op de berekening.

Alternatieve beleggingen

Behalve vastgoed en effecten zijn er nog een hele resem alternatieven voor wie zijn of haar geld wil beleggen. We spreken dan bijvoorbeeld over goud, diamanten, bitcoin, schilderijen en andere kunstwerken, wijn of klassieke sportwagens.

Obligaties hebben een nominale waarde en betalen een periodieke coupon. Veel aandelen keren een dividend uit. De waarde van vastgoed kan ingeschat worden aan de hand van de huurinkomsten. Alternatieve beleggingen zoals goud verschaffen geen inkomen aan hun eigenaars. Het is daarom moeilijk om een 'objectieve' waarde te plakken op diamanten of kunst. De prijs die mensen ervoor willen betalen hangt volledig af van het marktsentiment (de stemming onder kopers en verkopers).

De zeventiende-eeuwse tulpenmanie is een befaamd voorbeeld waarbij waanzinnige prijzen betaald werden voor alternatieve activa. In de jaren 1620 en 1630 waren de Nederlanders verzot op tulpenbloemen met bijzondere patronen. Op het hoogtepunt van de tulpengekte werden individuele tulpenbollen verkocht aan dezelfde prijs als een huis in Amsterdam.

Hoewel de tulpengekte achteraf bekeken belachelijk lijkt, is het nog steeds zo dat de mode bij investeerders steeds verandert. In 2016 werd een Ferrari 335S met bouwjaar 1957 geveild voor maar liefst 32 miljoen euro. [88] Ter vergelijking: je kan een nieuwe Ferrari kopen voor 'slechts' 250 duizend euro.

Stijgende prijzen voor meer toegankelijke alternatieve beleggingen doen soms ook kleine investeerders wegdromen. In 2015 schreef een krant dat Legoblokjes een betere belegging waren dan aandelen of goud. [89] De prijs van een ongeopende doos Lego had de beurs geklopt sinds het jaar 2000.

Maar zoals bij alle activa is het zo dat de rendementen uit het verleden geen garantie vormen voor de toekomst. Goud is hier een goed voorbeeld van. In 1980 piekte de goudprijs op 850 dollar per ons. In 2002 betaalde men minder dan 300$ voor een ons goud. Het was pas 28 jaar na 1980 dat de goudkoers nieuwe records neerzette. En dan houden we nog geen rekening met de inflatie, waardoor de reële dollarwaarde van goud in 2008 eigenlijk lager was dan in 1980. Beleggers die op het verkeerde moment kochten en hun goud bijhielden, deden dus een zeer slechte zaak.

Naast de activa die hierboven behandeld werden, zijn er ook handelaars die zich toeleggen op grondstoffen. In tegenstelling tot goud of diamanten hebben grondstoffen geen oneindig lange levensduur. Ze worden verwerkt door de industrie. Denk maar aan materialen als koper, katoen, timmerhout of ruwe olie. Zogenaamde 'zachte' grondstoffen (*soft commodities*) als tarwe, cacao en sinaasappelsap belanden uiteindelijk op de keukentafel.

Werken met een hefboom

Investeerders kunnen hun opbrengsten versterken door activa te kopen met geleend geld. Zo'n strategie zet een hefboom op hun eigen vermogen.

Stel dat een investeerder een beleggingsproduct koopt voor 1000€. De waarde ervan stijgt 5% in één jaar. Wanneer de investeerder het product na een jaar verkoopt, heeft hij dus 50€ verdiend (in de veronderstelling dat er geen bewaar- of transactiekosten zijn).

Een andere speculant heeft ook 1000€ die hij kan investeren, maar hij leent daar bovenop nog eens 9000€. Stel dat de kredietverstrekker een rente van 2% aanrekent. De belegger die geld leende kan nu 10.000€ kopen van het beleggingsproduct uit het bovenstaande voorbeeld. Na een jaar verkoopt hij de activa voor 10.500€. De geldschieter krijgt 9180€ (9000€ x 1,02). De investeerder verdiende in dit geval 320€ (10.500€ - 9180€ - 1000€). Dankzij de hefboom heeft de investeerder een rendement van 32% behaald op zijn eigen vermogen van 1000€. Dit in tegenstelling tot de 5% winst uit het eerste voorbeeld.

Valutahandelaren werken vaak met een hefboom, aangezien dagelijkse valutaschommelingen meestal klein zijn.

Het gebruik van een financiële hefboom is echter een tweesnijdend zwaard. Wanneer de waarde van de activa dalen, lopen de verliezen voor de speculant snel op. Neem het voorbeeld van de belegger die 9000€ leende, maar nu daalt de waarde van het beleggingsproduct met tien procent in één jaar. Na de verkoop van zijn belegging en de terugbetaling van de lening, blijft er een negatief eigen vermogen van -180€ over voor de speculant (9000€ - 9180€). Hij is niet enkel zijn oorspronkelijk kapitaal van 1000€ kwijt, hij heeft nu nog een schuld ook!

Effectenmakelaars stellen hun klanten in staat om met een hefboom te werken door hen een effectenkrediet (in het Engels: margin debt) toe te staan. De aandelenportefeuille dient als onderpand voor de lening. Wanneer de prijs van de aandelen onder een bepaalde waarde zakt, krijgt de belegger een zogenaamde *margin call*. Dat betekent dat hij extra geld moet overschrijven naar zijn effectenrekening. Zo niet, dan worden de aandelen verkocht. Op die manier

verkleint de broker de kans dat de klant zijn lening niet kan terugbetalen.

Door de risicoaversie van de effectenmakelaar heeft een belegger
die met een hefboom werkt ook niet de luxe dat hij enkel aan het
eind van de rit gelijk moet krijgen. Wanneer de prijs van het beleggingsproduct eerst 10% zakt en daarna hersteld tot 105% van de
oorspronkelijke waarde, zal de investeerder uit het eerste voorbeeld van dit hoofdstuk nog steeds 50€ winst maken. De speculant
die geld leende zou daarentegen noodgedwongen zijn activa moeten liquideren om zijn verliezen te beperken. Hij kan niet profiteren
als de prijzen later weer stijgen. In een markt waarin veel spelers
met geleend geld actief zijn, kunnen gedwongen verkopen tot een
vicieuze cyclus leiden waarbij investeerders hun activa tegen dum-
pingprijzen van de hand moeten doen. Investeerders met veel cash
kunnen dan koopjes doen.

Zelfs gesofistikeerde investeerders zijn niet immuun voor de gevaren die geleend geld met zich meebrengt. In de raad van bestuur van
het hedgefonds Long Term Capital Management (LTCM) zetelden
twee Nobelprijswinnaars economie. LTCM, een fonds met minder
dan vijf miljard dollar aan eigen vermogen, had ongeveer 125 miljard dollar geleend om mee te investeren. Toen de markt zich keerde
tegen de "veilige" beleggingen van LTCM, ging het eigen vermogen
in rook op. Na de ineenstorting van LTCM moest de Federal Reserve
ingrijpen om de markten te kalmeren. [90]

De gevaren van een financiële hefboom zijn met name relevant voor
banken. Depositocreatie door leningen uit te schrijven is een proces
dat op intrinsieke wijze een hefboom zet op het eigen vermogen van
de bank. De bank verwerft activa (leningen) en voegt passiva (deposito's) toe aan haar balans. Beperkte kredietverliezen volstaan
om het kapitaal van de aandeelhouders uit te wissen. Voorzichtige
rekeninghouders halen hun geld af opdat ze niet zouden delen in de
verliezen. Als voldoende spaarders hun voorbeeld volgen, maakt de
bankrun de problemen alleen maar erger.

Andermans geld

Tussenpersonen

Er zijn verschillende markten waarin tussenpersonen de handel vergemakkelijken. De tussenpersoon verdient een commissie op transacties. Het maakt voor de inkomsten van de tussenpersoon geen verschil als de koper een goede investering doet of niet. Je kan deze situatie financieel het best vergelijken met de winkeliers die spades verkochten aan goudzoekers tijdens de Californische *goldrush*. De winkeliers verdienden sowieso hun geld, onafhankelijk van het succes van de avonturiers.

Om het in de woorden van auteur en gewezen speculant Nassim Nicholas Taleb te zeggen: de tussenpersonen hebben geen *'skin in the game'*. Hun eigen vermogen staat niet op het spel wanneer de aankoop fout uitdraait.

Vastgoedmakelaars zijn een categorie van tussenpersonen die bemiddelen tussen kopers en verkopers. De makelaar moet kopers zoeken voor een huis. Hij krijgt zijn vergoeding wanneer het gebouw verkocht wordt. Natuurlijk zal de makelaar vooral de positieve kanten belichten aan de mogelijke kopers. Hij moet er zelf niet gaan wonen.

Effectenhandelaars hopen dat hun klanten zoveel mogelijk aandelen en obligaties verhandelen. Iedere aan- en verkoop levert makelaarsloon op.

Gelet op deze financiële prikkels voor effectenmakelaars, kan je best de aanbevelingen van hun analisten met een korreltje zout nemen. De analistenrapporten zijn gratis publiciteit waarmee ze de aandacht van beleggers trekken.

Verhalenvertellers

Een tweede categorie adviseurs gedragen zich als cheerleaders voor bepaalde aandelen of activaklassen. Deze cheerleaders vertellen investeerders wat ze graag willen horen.

In 1999, op een moment dat de stierenmarkt op de aandelenbeurs op haar laatste benen liep, verscheen het beruchte boek *Dow 36 000*. De auteurs voorspelden dat de Dow Jones index, die toen rond de 10 000 punten noteerde, binnen enkele jaren zou stijgen tot 36 000 punten. Dat niveau is nog nooit bereikt. Zeventien jaar na publicatie stond de Dow op 18 000 punten.

De hoofdeconoom van de Amerikaanse National Association of Realtors is een ander voorbeeld van een cheerleader. Op het hoogtepunt van de huizenzeepbel in 2005 schreef hij een boek met de titel '*Are you missing the real estate boom?*'. De kaft beloofde de lezer dat de vastgoedprijzen de rest van het decennium zouden blijven stijgen. [91] In realiteit ging de huizenmarkt tijdens de jaren die volgden fors onderuit.

Onheilsprofeten zijn dan weer de tegenhangers van de cheerleaders. Onheilsprofeten voorspellen instortende markten. Doemdenkers zijn vaak geobsedeerd door goud en ze gaan tekeer tegen papiergeld dat zijn waarde verliest. Analisten die constant negatieve vooruitzichten verspreiden over de aandelenbeurs worden *permabears* genoemd. Investeerders die het advies van permabears volgen, laten vaak goede beleggingskansen liggen.

Zowel de cheerleaders als de onheilsprofeten zijn goed in het vertellen van overtuigende verhalen. Maar uiteindelijk blijft de markt de enige plaats waar het succes van beleggers bepaald wordt. Heel veel slimme investeerders hebben al geld verloren op de financiële markten.

Fondsbeheerders

Fondsbeheerders investeren het geld van hun klanten. In tegenstelling tot de adviseurs die we hierboven tegenkwamen, maken de fondsbeheerders zelf de beleggingsbeslissingen.

Cliënten delegeren de activakeuze en de beleggingsstrategie naar een fonds. De fondsbeheerder moet natuurlijk wel klanten overtuigen om hun vermogen bij zijn firma te plaatsen. De beheerder zorgt er ook best voor dat zijn investeerders hun geld niet weghalen uit het fonds van zodra de beurzen zakken. Alle verkopers hebben een aantal trucs waarmee ze klanten bespelen. Het vermogensbeheer is geen uitzondering.

De resultaten uit het verleden zijn een vanzelfsprekende methode om aan te tonen hoe goed de fondsenbeheerder is. Potentiële klanten moeten echter op hun hoede zijn voor de cijfers die getoond worden in de hippe marketingblaadjes.

Rendementen zien er indrukwekkender uit wanneer je het startpunt van de fondsengrafiek laat samenvallen met een bodem van de markt. De prestatie van een fonds kan ook opgeblazen worden door een willekeurige referentie-index toe te voegen die het slechter deed. Nog een ander foefje bestaat eruit de groei van het fonds te tonen zonder de kosten in rekening te brengen. De echte netto-opbrengst voor investeerders was dan kleiner dan men voorspiegelt aan nieuwe klanten.

Het is ook zo dat vermogensbeheerders hun slecht presterende fondsen opdoeken. De succesvolle fondsen worden dan weer volop gepromoot. Nieuwe investeerders zien enkel de 'overlevende' fondsen, zonder de verliezers uit het originele aanbod.

Fondsbeheerders houden meestal een slag om de arm door te waarschuwen dat rendementen uit het verleden geen garantie bieden voor de toekomst. Hedgefondsmanager John Paulson werd geroemd als financieel genie omdat short ging op Amerikaans vastgoed toen die markt crashte. Door deze gok maakte zijn firma 15 miljard dollar winst. Paulson zelf verdiende een fortuin van vier miljard dollar. Enkele jaren later verloren de fondsen van Paulson echter meer dan een miljard dollar doordat hij speculeerde op een stijgende goudkoers terwijl de prijs van het edelmetaal zakte. [92]

Fondsbeheerders gebruiken niet alleen cijfers en rationele argumenten. Ze bespelen ook de emoties van hun klanten. Angst is een krachtig middel om de aandacht van investeerders te krijgen. "Het vermogen waar je zo hard voor werkte is in gevaar!" De omgekeerde boodschap werkt ook. Dan wijst men spaarders op het feit dat hun geld niets opbrengt, terwijl veel mensen bakken geld verdienen door te beleggen in aandelenfondsen.

Een gevoel van exclusiviteit creëren is nog een typische tactiek die inspeelt op de emotie. Banken nodigen hun cliënten uit in luxueuze salons. Relatiebeheerders bezoeken hun cliënten thuis of op de golfbaan. Vermogensbeheerders kunnen hoge commissies aanrekenen door de toegang tot populaire fondsen te beperkten. Beleggers betalen 5% van hun kapitaal voor het privilege om hun geld te laten beheren door Renaissance Technologies. Daarbovenop rekent het hedgefonds nog een prestatievergoeding van 44% op de winst die ze genereert voor de investeerder. [79]

Gerechtelijke documenten tonen aan dat sommige bankiers wel erg ver gaan om hun cliënten een unieke ervaring te bezorgen. Goldman Sachs moest zich verdedigen tegen de beschuldiging dat de bank prostituees ingehuurd had om de managers van het Libisch *sovereign wealth fund* te paaien. [93]

DEEL III | Meer financiële diensten

Verzekeringen

Bescherming tegen een onzekere toekomst

Niemand weet wat de toekomst precies in petto heeft. Bepaalde gebeurtenissen kunnen resulteren in verliezen die particulieren of bedrijven zich niet kunnen veroorloven. Verzekeraars helpen mensen en organisaties om dergelijke catastrofale financiële kosten te voorkomen. In ruil voor premie neemt de verzekeraar de risico's van haar klanten, die ook verzekeringnemers of polishouders genoemd worden, over. De verzekeraar betaalt de verzekeringnemer uit wanneer de situatie waartegen de klant zich verzekerde plaatsvindt.

Er zijn drie grote categorieën van 'slechte gebeurtenissen' waartegen je je kan verzekeren.

Een eerste categorie heeft te maken met inkomensverlies. In een verzorgingsstaat ontvangen mensen die hun baan verliezen een werkloosheidsuitkering. De overheid betaalt pensioenen. Zo beschermen landen hun inwoners tegen inkomensverlies. Private verzekeraars bieden gelijkaardige diensten aan.

Ten tweede vergoeden verzekeraars de schade aan eigendommen van hun klanten. De oude Grieken en Romeinen verzekerden al koopvaardijschepen tegen de risico's van zeereizen. [94] Brandverzekeringen beschermen huiseigenaren tegen schade aan hun woning. Zonder verzekering zouden de heropbouw een financiële aderlating zijn.

Hoge kosten zijn een derde risico dat gedekt wordt door verzekeraars. Patiënten kunnen hun ziekenhuisfactuur betalen dankzij hun ziektekostenverzekering. Chauffeurs, chirurgen en bestuurders van bedrijven kunnen aansprakelijk gesteld worden wanneer ze in de fout gaan en anderen schade berokkenen. Een aansprakelijkheidsverzekering beschermt hen tegen zware schadevergoedingen.

Het fundamenteel verschil tussen verzekeren en bankieren zit in de factor onzekerheid. De verplichtingen van een bank aan haar klanten zijn exact gelijk aan het bedrag dat op hun rekeningen staat. Een verzekeraar zal daarentegen soms veel meer uitkeren aan een klant dan de klant ooit aan premies betaald heeft. Maar dat gebeurt enkel wanneer het risico waartegen de klant zich verzekerde daadwerkelijk optrad. Cliënten die geen schade leden, kunnen hun premies niet terugvorderen.

Natuurlijk hebben slimme financiers ook producten ontwikkeld waarbij het onderscheid tussen bankieren en verzekeren niet zo scherp afgebakend is. Soms kunnen polishouders die geen schade leden toch een deel van hun premies recupereren dankzij een deelname in de winst van de verzekeringsmaatschappij.

Levensverzekeringen zijn een ander voorbeeld van zo'n kruising tussen bank- en verzekeringsproducten. Met een levensverzekering kan de klant sparen tot hij of zij een bepaalde leeftijd bereikt. Wanneer de polishouder overlijdt voor die datum, wordt een bepaalde som uitgekeerd aan de begunstigden die vermeldt zijn in de polis. Wanneer de verzekerde echter nog in leven is op de einddatum, dan ontvangt hij of zij zelf het gespaarde bedrag. In Frankrijk zijn dergelijke spaarverzekeringen de belangrijkste component van het financieel vermogen van de gezinnen. [95]

Zakenmodel

Verzekeraars bundelen de risico's van vele polishouders. Het is onmogelijk te voorspellen als één bepaalde chauffeur volgend jaar een auto-ongeval zal meemaken. Maar doordat de verzekeringsmaatschappij duizenden bestuurders verzekert, kan ze vertrouwen op historische statistieken. De frequentie waarmee ongevallen gebeuren, in combinatie met de gemiddelde kost per ongeval, bepaalt hoeveel de klanten moeten betalen voor hun verzekering.

Verzekeringsmaatschappijen vertrouwen op actuarissen om in te schatten hoeveel claims er zullen optreden. Actuarissen bij levensverzekeraars bestuderen sterftetafels. Uit die data bepalen de verzekeringswiskundigen dan de kans dat verzekerden met bepaalde eigenschappen – bijvoorbeeld een roker van zestig jaar – het volgend jaar zal overlijden. Actuarissen bij verzekeringsfirma's die actief zijn in 'niet-leven' analyseren dan weer cijfers over risico's zoals auto-ongevallen of overstromingen.

Dankzij de modellen van de actuarissen en de kennis over haar klanten kan de verzekeringsmaatschappij een competitieve verzekeringspremie opstellen.

De inkomsten van verzekeraars blijven echter niet beperkt tot de premies die ze ontvangen. Daarnaast hebben ze ook opbrengsten uit hun investeringen. Denk bijvoorbeeld aan een maatschappij die haar klanten verzekert tegen natuurrampen als overstromingen. Stel dat overstromingen gemiddeld maar één keer per tien jaar voorkomen. Het zou niet verstandig zijn mocht de verzekeraar de jaarlijkse premies op een bankrekening laat staan.

In plaats van de reserves in cash aan te houden, beleggen verzekeraars hun geld in langlopende obligaties, aandelen of vastgoed. Deze activa brengen meer op dan risicoloze investeringen met een korte looptijd. Daarnaast stellen investeringen op lange termijn de verzekeringsmaatschappij in staat om de looptijd van haar verplichtingen in overeenstemming te brengen met die van haar activa. Een pensioenverzekeraar moet bijvoorbeeld decennialang pensioenen kunnen uitkeren.

Risico's voor de verzekeraar

Verzekeren draait rond het (over)nemen van risico's. Verzekeringsmaatschappijen volgen wel een aantal strategieën om hun verplichtingen binnen de perken te houden.

Concentratierisico

Stel dat een gebeurtenis waartegen klanten zich verzekerden meer voorkomt dan de verzekeringsmaatschappij kon verwachten op basis van de historische data. Dan zou een stortvloed aan schadeclaims de reserves van de verzekeraar kunnen uitputten. Dit scenario kan optreden als alle polissen een onderliggend risico delen. Een verzekeraar kan haar risicoconcentratie verkleinen door twee risico's te verzekeren die elkaar tegenwerken. Of ze kan haar werkgebied uitbreiden. Dat reduceert de kans dat eenzelfde gebeurtenis al haar klanten schade berokkent.

Als voorbeeld van risico's met een negatieve correlatie kunnen we denken aan een verzekeraar die belooft een pensioen te betalen zolang de cliënt leeft. Als de levensverwachting stijgt, dan zullen de kosten voor de verzekeringsmaatschappij hoger oplopen dan gebudgetteerd was. Om haar *'lang leven* risico' te compenseren, zou de maatschappij best ook verzekeringen afsluiten waarbij ze een bedrag moet uitkeren wanneer de cliënt overlijdt. Zo houden de twee tegengestelde risico's elkaar in evenwicht.

Het gevaar van geconcentreerde risico's blijft niet beperkt tot levensverzekeraars. In 2014 ging de lokale brandverzekering in het West-Vlaamse Wingene bankroet. [96] Binnen één jaar tijd werd de gemeente getroffen door een valwind, een hagelstorm en een over-stroming. De 115 jaar oude verzekeringsmaatschappij kreeg meer schadeclaims binnen dan ze kon uitbetalen. Het lokale karakter van de verzekeraar maakte een grotere geografische diversificatie on-mogelijk.

Ook grote professionele spelers zijn niet immuun tegen concentra-tierisico. Voor de financiële crisis van 2008 hadden veel banken de waarde van hun kredietportefeuilles verzekerd met *credit default swaps*[9]. Verzekeraar American International Group (AIG) was een belangrijke verkoper van deze producten. Zolang het aantal wan-betalingen laag lag, leek de verkoop van credit default swaps een lucratieve activiteit. In 2008 steeg het aantal faillissementen echter. Al gauw bleek dat de credit default swaps in de boeken van AIG de firma zouden nekken. De Amerikaanse regering redde AIG om het financieel systeem te stabiliseren. [97]

Herverzekeren

Herverzekeraars zijn de verzekeraars van andere verzekerings-maatschappijen. Soms is de verwoesting door natuurrampen groter dan een verzekeringsmaatschappij financieel aankan. Om te garanderen dat de schade van haar klanten toch kan vergoed worden, sluit de maatschappij een deal met een internationale herverze-keraar. Die laatste neemt dan de verplichtingen van de verzekerings-maatschappij boven een afgesproken plafond over, in ruil voor een jaarlijkse premie. Volgens de principes van goed risicobeheer had

9   Credit default swaps zijn een soort derivaat. Derivaten worden in meer detail bespreken in het volgend hoofdstuk.

de Wingense brandverzekering zich moeten herverzekeren om haar concentratierisico af te dekken.

De schade door orkaan Katrina uit 2005 geeft een idee van hoe belangrijk het is om te herverzekeren. Volgens *Munich Re*, de grootste herverzekeraar ter wereld, veroorzaakte Katrina 60 miljard dollar verzekerde schade in de zuidelijke staten van de V.S. De aardbeving en tsunami die Japan troffen in 2011 resulteerden in 40 miljard dollar schade aan verzekerde eigendommen. [98]

Naast verzekerden die echt schade leden, zijn er ook fraudeurs die azen op de grote sommen geld die verzekeraars uitkeren. Verzekeringsmaatschappijen moeten zich dan ook beschermen tegen oneerlijk gedrag dat voortvloeit uit de conflicterende belangen van haar cliënten, werknemers en aandeelhouders.

Frauduleuze claims

Soms proberen polishouders geld af te troggelen van de verzekeraar door schadeclaims in te dienen die niet gedekt worden door hun contract. Of ze overdrijven de waarde van beschadigde goederen. Verzekeraars hebben schade-experts in dienst om bedrog te voorkomen. Controleartsen gaan na of slachtoffers van ongevallen echt niet in staat zijn om te werken. Detectives onderzoeken als eigenaars zelf hun pand in brand staken om de verzekeringspremie op te strijken. Inspecteurs zoeken steeds vaker bezwarend materiaal op sociale media om aan te tonen dat mensen verzekeringsfraude pleegden. [99] We moeten echter ook opmerken dat experts in dienst van verzekeringsmaatschappijen soms de neiging hebben om schade te minimaliseren, aangezien dit in het voordeel is van hun werkgever.

Antedateren

Als gunst voor klanten durven verzekeringsagenten wel eens een contract te ondertekenen nadat de schade al geleden is. Dit is in strijd met het principe dat een verzekering beschermt tegen een onzekere toekomst. Door de begindatum te vervalsen wordt de last verschoven van de cliënt naar de verzekeringsmaatschappij, als de bedriegers tenminste niet betrapt worden.

De historie rond Arco is een voorbeeld van een verzekering die afgesloten werd nadat de verliezen al geleden waren. Onder politieke druk werd de factuur voor de verliezen doorgeschoven. Arco was een coöperatieve holding van de christendemocratische sociale beweging in België. De activa van Arco bestonden bijna uitsluitend uit aandelen van de bank Dexia, wat een immens concentratierisico vormde. Nadat duidelijk werd dat Dexia – en dus ook Arco – in essentie waardeloos was, breidde de regering het depositogarantiestelsel uit zodanig dat ook aandeelhouders van coöperatieven beschermd werden. Alle belastingbetalers, ook degenen die geen enkele band hadden christendemocraten, moesten plots meebetalen voor de verliezen van de 800.000 Arco-coöperanten.[10]

Moreel gevaar

Verzekeringsklanten hebben de neiging om meer risico's te nemen. De rekening van schade die ze eventueel lijden of veroorzaken wordt immers betaald door de verzekeringsmaatschappij. Dit fenomeen wordt moreel gevaar of *moral hazard* genoemd. Autoverzekeringspolissen stipuleren vaak dat de bestuurder in geval van schade zelf een bepaald vrijgesteld bedrag moet bepalen. Deze clausule moet roekeloos rijgedrag tegengaan. Doordat de cliënt financieel aansprakelijk blijft, verkleint het moral hazard probleem.

---

10   Het Europees Hof van Justitie verwierp de garantie in 2016. Bij het schrijven van dit boek was de Belgische regering nog steeds op zoek naar een manier om de verliezen van de Arco-aandeelhouders (deels) te compenseren. [263]

Derivaten

Naast verzekeren, dat gebaseerd is op het bundelen van risico's, bestaat er nog een ander manier om je in te dekken tegen een onzekere toekomst. Dit alternatief steunt op een overeenkomst tussen twee partijen. *Derivaten* is de overkoepelende term voor contracten die afgeleid zijn van (de prijs van) een onderliggend actief. Het onderliggend actief kan heel divers zijn, van grondstoffen tot aandelen of vastgoed.

Landbouwers dekken hun risico's af met *futures*. Een future is een belofte tussen een koper en een verkoper om op specifieke datum in de toekomst een transactie uit te voeren aan een vastgelegde prijs. Bijvoorbeeld: een boer zal op 31 juli tien ton tarwe leveren aan een meelfabriek tegen een prijs van 140€/ton.

Deze deal is voordelig voor beide partijen. De landbouwer krijgt een gegarandeerde prijs voor zijn oogst. Zelfs als de marktprijs voor tarwe op de leverdatum heel laag ligt, moet de koper nog steeds de prijs betalen die vastgelegd werd in de overeenkomst. Zonder het futurecontract zou het inkomen van de landbouwer heel onvoorspelbaar zijn. De meelfabriek stelt met de future haar aanvoer van graan veilig. Futures kunnen doorverkocht worden aan andere kopers en verkopers, die dan de rol van de oorspronkelijke contractanten overnemen.

Futures houden een verplichting in. *Opties* geven de houder het recht - geen verplichting - om een onderliggend goed op een specifieke datum aan een vastgelegde prijs te kopen of te verkopen. Stel dat je 1000€ betaalt voor de optie om een huis te kopen voor 250.000€. Zolang de optie loopt, mag de eigenaar zijn woning niet aan iemand anders verkopen. Wanneer je echter beslist om je optie niet uit te oefenen, mag de eigenaar de 1000€ houden. Het staat hem vrij om het huis te verkopen aan een andere bieder.

Swaps zijn nog een ander soort derivaat. Banken en grote bedrijven gebruiken swaps om hun financiële risico's te beheren, bijvoorbeeld door geldstromen uit te wisselen. Neem een exporteur die produceert in Japan en zijn goederen verkoopt in de Verenigde Staten. Met een currency swap kan het bedrijf haar dollarinkomsten aan een vaste wisselkoers omzetten in yen. De exporteur moet zich dan geen zorgen meer maken over de grillen van de valutamarkt. De tegen-partij van de swap speculeert dat de yen zal versterken tegenover de dollar.

Renteswaps wisselen een stroom vaste rentebetalingen voor een stroom variabele rentes op eenzelfde onderliggend bedrag. Activa van banken leveren typisch een vaste rente op, terwijl de rente die banken zelf betalen op deposito's en andere passiva variabel is. Met een renteswap kunnen bankiers zich indekken tegen het gevaar van een stijgende rente. Kopers van credit default swaps willen de waarde van hun obligatieportefeuille veiligstellen in het geval van wanbetaling van de uitgevers.

Derivaten worden gebruikt om allerhande risico's in te dekken. Mexico is een belangrijke olie-exporteur. Dat maakt het land kwets-baar voor een lage aardolieprijs. Mexicaanse ambtenaren kopen put opties wanneer ze verwachten dat de olieprijs zal dalen. De put op-ties geven Mexico het recht om de ruwe olie die ze in de toekomst zal oppompen aan een vaste prijs te verkopen. Als de ambtenaren gelijk hebben, dan is de vaste prijs vastgelegd in het derivaat hoger dan de toekomstige marktprijs, wat uiteraard de schatkist ten goede komt. Op Wall Street staat deze deal bekend als de *Hacienda hedge*, naar het Mexicaanse ministerie van Financiën. [100]

Maar derivaten worden ook gebruikt door speculanten die niet de bedoeling hebben om onderliggende activa of inkomsten te bescher-men. Integendeel, ze gebruiken derivaten net om risico's te nemen en zo hun winst te vergroten.

Neem het voorbeeld van aandelenopties. Een speculant koopt het recht om honderd aandelen te kopen voor tien euro per stuk. Stel dat de optie een halve euro per aandeel kost. De belegger betaalt dus 50€ in totaal. Als de beurskoers stijgt naar 12€, dan is de optie 200€ waard. De optie geeft de handelaar immers het recht om hon-derd aandelen te kopen aan 1000€, terwijl ze 1200€ waard zijn op de beurs.

De trader uit het voorbeeld hierboven maakt een winst van 150€. Dat is een rendement van 300% op zijn investering van 50€. Om eenzelfde opbrengst te behalen door effectief aandelen te kopen zou de speculant een grote hefboom moeten gebruiken.

Grote rendementen op een kleine inleg, het klinkt te mooi om waar te zijn. Er is inderdaad een keerzijde aan de medaille. De verkoper van de bovenstaande aandelenoptie kreeg dan wel eerst 50€, maar uiteindelijk moest hij 200€ betalen aan de speculant. Mocht de koers echter onder de 10€ gebleven zijn, dan zou de speculant 50€ betaald hebben voor een waardeloze optie.

De partij die op de foute uitkomst van een derivatendeal gokt kan meer geld verliezen dan het geïnvesteerde bedrag. Daarom noemde de legendarische belegger Warren Buffett derivaten ooit "financiële massavernietigingswapens". [101]

Zakenbankieren

De meeste bedrijven hebben genoeg aan de betaal- en krediet-oplossingen die hun bank aanbiedt. Die diensten besproken we in Deel I. De vermogensstructuur van kleine privébedrijven is zo een-voudig dat er geen gespecialiseerde bankiers aan te pas komen.

Grotere bedrijven financieren zich niet enkel met bankleningen of met het kapitaal van een besloten groep aandeelhouders. Ze halen ook geld op via de kapitaalmarkten. Niet-financiële bedrijven heb-ben echter de expertise niet in huis om zelf aandelen en obligaties uit te geven. Hun financiële directeurs rekenen daarvoor op externe experts. Die buitenstaanders moeten dan oplossingen op maat van de klant bedenken.

De mannen en vrouwen die gespecialiseerd zijn in de geldzaken van grote bedrijven worden zakenbankiers genoemd.

Zakenbankieren is een overkoepelende term voor een diverse reeks activiteiten.

Eén activiteit van zakenbanken is het plaatsen van aandelen bij investeerders. Eigenaars van een bedrijf dat in private handen is, kunnen hun aandelen verzilveren tijdens een beursintroductie. Zakenbankiers zorgen ervoor dat de prospectus (het document waarmee beleggers die de aandelen willen kopen geïnformeerd worden) voldoet aan alle wettelijke vereisten. De bankiers ma-ken ook een schatting van de prijsvork waarin de aandelen aan het publiek zullen worden aangeboden. De juiste prijs is belangrijk om ervoor te zorgen dat alle aangeboden aandelen een koper zullen vinden. Wanneer anderzijds de waardering te laag ingeschat wordt, zullen de verkopers het gevoel hebben dat ze geld op tafel lieten liggen tijdens de beursgang.

Zoals de meeste bankiers werken zakenbankiers aan technische de-tails waar niemand veel interesse voor heeft. Tot er iets fout gaat. Dan krijgen ze de schijnwerpers van de media op zich gericht. In 2012 ging Facebook naar de beurs. Kleine beleggers schreven mas-saal in op de beursgang van het sociale mediabedrijf. De introduc-tiekoers was vastgelegd op 38 dollar per aandeel. Aan die koers had Facebook een beurswaarde van 90 miljard dollar. Het optimisme was echter van korte duur. Na één week op de beurs stond het Facebookaandeel 25% onder de introductieprijs. Dit leidde tot vragen over de waardering die zakenbank Morgan Stanley, de belangrijkste underwriter, op Facebook geplakt had. [102]

Soms geven bestaande beursgenoteerde ondernemingen nieuwe aandelen uit om hun kapitaal te verhogen. Ook dan doen ze een beroep op zakenbanken.

We zagen in het hoofdstuk over obligaties dat overheden en grote bedrijven goedkoper kunnen lenen door obligaties uit te geven dan door een bankenkrediet op te nemen. Zakenbankiers assisteren de uitgevers bij het opstellen van de nodige documenten. Zakenbanken slijten de obligaties aan de klanten in hun netwerk.

Een ander type zakenbankiers wordt ingehuurd door bedrijfsleiders die raadgevers nodig hebben bij fusies en overnames. De bankiers schatten de waarde in van de onderneming die men wil overnemen. Ze bevelen de meest geschikte methode aan om de deal te bekostigen. Zo kan een bedrijf een concurrent kopen met (geleende) cash, met eigen aandelen of via geavanceerdere constructies. De overnameprooi huurt op haar beurt zakenbankiers in om een zo hoog mogelijke prijs uit de brand te slepen voor haar aandeelhouders (en in de praktijk ook voor het management).

De overname van SABMiller door brouwerij AB Inbev illustreert het belang van zakenbankiers. AB Inbev bood meer dan 100 miljard dollar voor haar concurrent. Beide bedrijven waren wereldwijd actief. Door hun marktaandeel was het onvermijdelijk dat mededingingsautoriteiten bezwaren zouden aantekenen. De complexiteit van dit dossier vereiste ervaren adviseurs die de biersector goed kenden. Volgens schattingen hebben zakenbanken voor hun advies zo'n honderd miljoen dollar verdiend van allebei de brouwerijgroepen. De financiering van de overname bracht nog meer geld in het laatje voor de bankiers. [103]

Tenslotte zijn zakenbanken ook als handelaars actief in de markten. Soms traden ze voor eigen rekening. Het kan ook dat de bank als marktmaker optreedt voor obligaties waarvan ze de underwriter was. Zo kunnen obligatiehouders de obligatie verkopen zonder dat ze een grote spread tussen de bied- en laatkoersen moeten vrezen. De zakenbank verhoogt met ander woorden de liquiditeit op de obligatiemarkt.

Belastingontwijking en offshore diensten

Belastingen worden nationaal of door lagere overheden bepaald. Dat creëert arbitrageopportuniteiten. Arbitrage betekent (risicovrij) winst maken door de prijsverschillen tussen markten te benutten. Belastingbetalers kunnen tot op zekere hoogte kiezen onder welk stelsel ze belast worden. Consumenten kunnen bijvoorbeeld over de grens hun inkopen doen, zodat ze minder btw moeten betalen.

Multinationals gebruiken vaak de fiscale verschillen tussen landen. Ze brengen hun patenten en merken onder in dochterbedrijven die gevestigd zijn in een land (bijvoorbeeld Nederland) waar inkomsten uit intellectuele eigendom minimaal belast worden. Alle andere bedrijven van de multinational moeten dan voor het gebruik van de intellectuele eigendom betalen aan de dochtermaatschappij. Dat maximaliseert de nettowinst van de groep. Een andere populaire strategie bestaat eruit het hoofdkwartier te vestigen in een land met een lage vennootschapsbelasting, zoals Ierland.

Individuen kunnen ook profiteren van achterpoortjes in de belastingwetgeving. Privébankiers adviseren rijke families hoe ze hun vermogen kunnen beschermen tegen de fiscus. Een zorgvuldige financiële planning kan bijvoorbeeld hoge erfbelastingen voorkomen.

Gespecialiseerde banken en advocatenkantoren helpen cliënten om hun eigendommen *offshore* te parkeren. Denk maar aan Zwitserse bankrekeningen, fondsen in Luxemburg of schelpbedrijven op de Kaaimaneilanden. Een schelpbedrijf of *shell company* voert geen reële economische activiteit uit. Het is enkel een wettelijke structuur die waardepapieren of vastgoed bezit. Op papier worden dergelijke brievenbusvennootschappen vaak geleid door stromannen. Zo kunnen de echte eigenaars anoniem blijven.

In wezen is er niets illegaal aan het bezit van offshore activa. Maar het spreekt voor zich dat offshore constructies vaak gebruikt worden om vermogens te verbergen voor de fiscus in het thuisland.

In zijn boek *Belastingparadijzen* schat de Franse econoom Gabriel Zucman dat er wereldwijd ongeveer 8000 miljard dollar offshore ondergebracht is. [104] Afrikaanse dictators, Russische oligarchen, corrupte ambtenaren, drugkartels en terroristische organisaties waarderen de anonimiteit van offshore belastingparadijzen.

Offshorebedrijven en hun klanten willen per definitie geheim blijven. Buitenstaanders kunnen af en toe inzicht krijgen in de wereld van het duistere geld dankzij gerechtelijke documenten en datalekken.

Een voormalige werknemer van UBS bracht in 2007 illegale praktijken aan het licht. Klokkenluider Bradley Birkenfeld legde aan het Amerikaanse gerecht uit hoe de Zwitserse bank haar Amerikaanse cliënten belasting hielp ontduiken. Overigens werd de informant zelf veroordeeld tot 40 maanden cel voor zijn aandeel in de fraude. Gelukkig voor Birkenfeld beloonde de Amerikaanse belastingdienst hem na zijn vrijlating met 104 miljoen dollar. [105]

De Duitse autoriteiten hebben meerdere keren gestolen data gekocht. Zo konden ze mensen identificeren die hun Zwitserse bankrekeningen niet aangegeven hadden. [106] [107] Dit zou het begin van een spionagethriller kunnen worden. Zwitserland had namelijk een mol in het ministerie van Financiën van de Duitse deelstaat Noordrijn-Westfalen. De infiltrant moest de oorsprong van de lekken bij Zwitserse banken achterhalen. [108]

Het Internationaal Consortium van Onderzoeksjournalisten onthulde in 2016 de *Panama Papers*. De journalisten hadden elf miljoen documenten van het Panamees advocatenkantoor Mossack Fonseca in handen gekregen. [109] De bestanden bewezen zwart op wit dat de offshore industrie zich niet beperkte tot enkele kleine, relatief onbekende banken. Ook de namen van grote internationale banken doken op in het onderzoek. [110]

De Panama Papers toonden aan dat politici uit China, Pakistan, Rusland, het Midden-Oosten, Zuid-Afrika en Argentinië rijkdom verborgen hielden in belastingparadijzen. Ook westerse leiders werden genoemd in het schandaal. Familieleden van de eerste ministers van Groot-Brittannië en IJsland bleken belangen te hebben in offshore bedrijven. [111]

De *Bahama Leaks* waren een andere reeks documenten die bekend werden door een gegevenslek. Een Nederlandse politica had bij haar aanstelling in de Europese Commissie niet aangegeven dat ze bestuurster was van een offshore firma. [112] Politici kunnen belangenconflicten verbergen door hun vermogen in schelpbedrijven onder te brengen. Zo kunnen ze zichzelf ongemerkt verrijken tijdens hun bewindsperiode.

De Verenigde Staten hebben andere landen gedwongen om informatie te delen met de Foreign Account Tax Compliance Act (FATCA) wet. Hierdoor kwam een einde aan het befaamde Zwitserse bankgeheim.

Maar slimme privébankiers en juristen vinden altijd achterpoortjes. Rijke zakenlui, beroemdheden en politici hebben geen tropische eilanden nodig om hun miljoenen anoniem te bewaren. Amerikaanse staten als Nevada, Delaware en Zuid-Dakota maken het heel gemakkelijk om bedrijfjes op te richten die gebruikt kunnen worden om activa te verbergen. Volgens sommigen is de V.S. momenteel zelfs het grootste belastingparadijs ter wereld. [113]

Technologie en innovatie

"De enige nuttige uitvinding die banken de voorbije 20 jaar gedaan hebben, is de bankautomaat" - Paul Volcker, voorzitter van de Federal Reserve (1979 - 1987) [114]

Archeologen hebben leenovereenkomsten ontdekt op Babylonische kleitabletten. De vierduizend jaar oude artefacten bevatten details over de rentevoet (twintig procent per jaar!) en de terugbetaaldatum. [115] Alle geavanceerde beschavingen ondervinden terugkerende financiële behoeften. Hoe mensen die concreet oplossen, hangt af van de technologie waarover ze beschikken.

De focus van dit boek ligt op *wat* bankiers doen, niet op de details van *hoe* ze het doen. Het zou echter zonde zijn om niet even stil te staan bij de financiële technologie. We bewonderen de uitvinders van stoommachines en andere toestellen die het leven makkelijker maakten. De mensen die vernuftige financiële oplossingen bedachten verdienen ook erkenning.

Geld

In Deel I zagen we dat officieel geld van de centrale bank komt. Maar centrale banken zijn een relatief nieuwe financiële innovatie. De eerste centrale bank, de Zweedse *Riksbank*, werd gesticht in 1668. [116]

De eerste munten werden tijdens de zevende eeuw voor Christus geslagen in Lydië, een koninkrijk in Klein-Azië. De Lydiërs maakten hun geld uit elektrum, een legering van goud en zilver. Hoewel de munten onregelmatige vormen hadden, waren ze gestandaardiseerd volgens gewicht. [117]

De Chinezen vonden het papiergeld lang voor de Europeanen uit. [118] De Venetiaanse koopman Marco Polo (1254-1324) vertelde erover in het verslag over zijn reis naar het Verre Oosten. Voor zijn tijdgenoten moet papiergeld heel exotisch geleken hebben.

Maar mensen hebben geld niet altijd gezien in de vorm van munten of bankbiljetten. Over de hele wereld hebben een boel verschillende objecten als geld gediend. Inheemse volkeren van Afrika tot Australië betaalden bijvoorbeeld met schelpengeld. De schelpen kwamen van zeeslakken. Eén van die slakken kreeg daarom zelfs de wetenschappelijke naam *Monetaria moneta*, in het Nederlands de geldkauri.

Bij gebrek aan munten gebruikten Europese kolonisten in Noord-Amerika tabak, pelsen en musketkogels [119] als betaalmiddel. De Kroatische munt, de kuna, is vernoemd naar de marter. In de middeleeuwen kon je daar namelijk je belastingen betalen met marterhuiden.

Betalingen

Fysiek geld is niet erg handig. Gouden muntstukken of stapels bont zijn te zwaar om er mee rond te zeulen. Geldtransporten trekken dieven aan. Het is veiliger je geld bij een bank te bewaren. Maar geld wordt net gebruikt om te betalen. Bankiers moesten dus uitzoeken hoe hun klanten elkaar geld konden overhandigen.

De wisselbrief was een vroege methode om dit probleem op te lossen. Stel dat twee handelaren een verkoop overeenkomen. In plaats van cash te betalen, overhandigt de koper een wisselbrief aan de verkoper. In de brief garandeert de bankier van de koper dat hij het beloofde bedrag op een welbepaald moment aan de verkoper zal betalen. Een netwerk van bankiers in steden zoals Brugge en Venetië maakten zo langeafstandsbetalingen mogelijk. Struikrovers hadden overigens pech, want de wisselbrieven stonden op naam.

Cheques leveren een gelijkaardige dienst. Een reiziger met cheques op zak moest niet langer geld meenemen naar het buitenland. Gestolen cheques waren waardeloos zonder handtekening. Maar waarom zou iemand een vreemdeling zonder cash vertrouwen, als ze die waarschijnlijk nooit meer terugzien? Dat komt door de reputatie van de bank. Mensen weten dat ze de cheque kunnen inruilen voor baar geld. Wanneer de cheque gebruikt wordt, trekt de bank het uitgegeven bedrag af van de rekening van de klant.

Betaalkaarten maakten papieren betaalmiddelen als cash, wisselbrieven en cheques helemaal overbodig. Eigenlijk zijn betalingen in essentie een vorm van informatie. Geld wordt overgeschreven van één rekening naar een andere. De uitdaging voor banken bestaat eruit om elektronische betalingen gebruiksvriendelijk en veilig te maken. Dat doen ze bijvoorbeeld in de vorm van betaalterminals en smartphoneapps.

Bankklanten hoeven zich geen zorgen te maken over hoe hun geld op een andere rekening terechtkomt. Maar achter de schermen zit er een indrukwekkende machine verscholen die snelle en betrouwbare internationale betalingen mogelijk maakt.

Figuur 5 toonde de essentie van hoe geld getransfereerd wordt tussen twee banken. In de praktijk volgen banken een proces dat uit twee stappen bestaat.

Eerst stuurt een bank de boodschap dat er geld moet verplaatst worden van een rekening naar een rekening bij een andere bank. Vroeger gebeurde deze communicatie tussen banken met de telex. Dat was echter arbeidsintensief en foutgevoelig werk. Daarom werd in de jaren 1970 SWIFT opgericht, de *Society for Worldwide Interbank Financial Telecommunication.* [120] Via het SWIFT platform kunnen banken elkaar gestandaardiseerde berichten sturen.

Telkens je een overschrijving doet kan je een glimp opvangen van de 'zwarte doos' achter het betalingsverkeer. Je moet namelijk de Bank Identifier Code (BIC) specifiëren van de bank van de ontvanger. Alle leden van SWIFT hebben een unieke BIC.

SWIFT stelt banken dus in staat om met elkaar te communiceren. In een tweede stap moet cash (of om correcter te zijn: reserves) uitgewisseld worden tussen de betrokken banken. Er zijn meerdere systemen die de vereffening van banktransacties mogelijk maken. In de eurozone gebruiken banken Target2, een betalingsplatform beheerd door het eurosysteem[11]. [121] De Amerikaanse tegenhanger voor dollartransacties heet Fedwire. Fedwire wordt beheerd door de Federal Reserve. [122] Daarnaast zijn er nog private systemen die betalingen verwerken, zoals EURO1 en CHIPS. [123]

De uitsluiting van banken uit cruciale systemen als SWIFT is een machtig politiek wapen. [124] Om te voorkomen ze de mogelijkheid zouden kwijtspelen om betalingen te verwerken, werken landen als China en Rusland aan hun eigen versies. [125] Dankzij deze alternatieven elimineren ze het risico van westerse inmenging.

Aandelenhandel

Handelaars hebben een concurrentieel voordeel wanneer ze bepaalde informatie sneller te weten komen dan de rest van de markt.

Er wordt wel eens beweerd dat Nathan Mayer Rothschild een fortuin verdiende aan de nederlaag van Napoleon in Waterloo (1815). Dankzij een postduif zou Rothschild de eerste man in Londen geweest zijn die het nieuws vernam, waardoor hij juist kon speculeren. Dat blijkt echter een fabeltje te zijn. Maar het is een feit dat de bankiersfamilie profiteerde van informatie die ze vergaarde via een netwerk van postduiven en koeriers te paard. [126] [127]

Later in de negentiende eeuw werd financieel nieuws doorgeseind met de telegraaf. Telegraafdraden connecteerden Wall Street met de rest van de wereld. *Stock ticker* machines verbonden aan de telegraaf drukten aandelenkoersen en transactievolumes op lange

11   Het eurosysteem bestaat uit de Europese Centrale Bank en de nationale centrale banken van de landen die de euro gebruiken.

smalle stroken papier. Zo konden investeerders die ver van de beurs woonden toch quasi ogenblikkelijk de beweging van de aandelenprijzen opvolgen.

De dag van vandaag hebben zelfs kleine beleggers toegang tot real-time marktdata. Maar het loont nog steeds om je informatie een tikje sneller te krijgen dan de rest. Sommige professionele handelaars verdienen geld met de kleine verschillen tussen koop- en verkooporders in de markt. Ze zorgen ervoor om aandelen voor de neus van tragere handelaren te kopen, om ze dan direct door te verkopen aan een iets hogere koers. De "flitshandelaars" die inspelen op dergelijke kortlevende opportuniteiten gebruiken lasernetwerken om de concurrentie voor te blijven. [128]

Aangezien mensen niet kunnen reageren op heel snelle prijsschommelingen, vertrouwen sommige firma's de aandelenhandel toe aan computeralgoritmes.

Verregaande automatisering brengt echter ook risico's met zich mee. Soms veroorzaken de algoritmes een *flash crash*, waarbij prijzen zonder aanwijsbare reden de dieperik induiken. [129] [130]

Organisatorische innovaties

Innovatie beperkt zich niet tot fysieke objecten. We zagen eerder al dat iemand ooit het idee van overheidsobligaties of verhandelbare bedrijfsaandelen moest verzinnen. Ook de werking van banken werd beïnvloed door intellectuele, technische en wettelijke nieuwigheden.

Veertiende-eeuwse Italiaanse bankiers zoals de familie de' Medici gebruikten dubbel boekhouden om hun zaken op te volgen. [131] Gesofistikeerd boekhouden onderscheidde bankiers van primitieve geldleners. Middeleeuwse Italiaanse handelaars en bankiers schakelden ook over op Arabische getallen. Die vereenvoudigden het rekenwerk waarvoor men vroeger Romeinse cijfers gebruikte.

Al in de jaren 1960 investeerden banken volop in computertechnologie. Voorheen moesten bankbedienden bijvoorbeeld de rente op spaarrekeningen met de hand berekenen. Nu verwerken banken al hun informatie digitaal.

Dankzij computers kunnen bankiers hun activa en passiva in detail analyseren. Software voert risicoberekeningen uit. Verdachte transacties worden automatisch geïdentificeerd. Bankiers communiceren met hun klanten en collega's via laptops, smartphones en tablets.

Bij banken werken veel programmeurs en software engineers. Toch is het niet zo dat banken alle computersystemen intern ontwikkelen. Rondom financiële instellingen is er een ecosysteem gegroeid van consultants en technologiebedrijven die zich specialiseren in oplossingen voor de sector. Deze experts helpen banken met de implementatie en het onderhoud van hun softwareprogramma's.

Zonder ICT zou een gecentraliseerde controle over grote banken quasi onmogelijk zijn. De twee volgende cijfers illustreren hoe gigantisch sommige banken zijn. De Chinese bank ICBC heeft bijna vijfhonderd miljoen privéklanten. [132] De internationale bank HSBC is actief in zeventig landen. [133] Stel je voor dat het management deze reuzen zou moeten besturen met enkel pen en papier.

Banken transformeren de maatschappij

Economen maken vaak een onderscheid tussen de reële economie en de financiële economie. Zo lijkt het alsof de financiële sector geen deel uitmaakt van de productieve economie. Maar banken speelden een cruciale rol in de creatie van de moderne wereld. Geldzaken, handel, economische ontwikkeling en politiek gingen hand in hand.

In de eerste helft van de negentiende eeuw werd België het tweede geïndustrialiseerde land ter wereld, na Groot-Brittannië. De spoorwegen, kanalen, koolmijnen en staalfabrieken van de jonge natie werden gefinancierd door de Generale Maatschappij van België[12]. Die Generale Maatschappij was tegelijk een investeringsfonds en een (centrale) bank.

---

12   De Generale Maatschappij werd in 1822 opgericht door de Nederlandse koning Willem I, dus nog voor de Belgische onafhankelijkheid in 1830.

Ook tijdens de tweede industriële revolutie waren banken belangrijke spelers. Iconische Duitse bedrijven zoals de ingenieursfirma AEG haalden kapitaal op met behulp van Deutsche Bank. Die laatste bank werd opgericht in het jaar 1870. [134]

Sommige geschiedkundigen schrijven het gebrek aan industriële ontwikkeling in het Ottomaanse Rijk toe aan financiële oorzaken. Vermogende islamitische kredietnemers werden beschermd door shariarechtbanken. Als compensatie voor het risico op wanbetaling rekenden kredietverstrekkers hoge rentes aan. De politieke en religieuze omstandigheden resulteerden dus in duur krediet. Daardoor werden investeringen in kapitaalintensieve industrieën afgeremd. [135]

Het was lang zo dat enkel handelaars en vorsten een beroep deden op bankiers. Dat veranderde rond het midden van de negentiende eeuw. Toen begonnen spaarbanken ook deposito's te aanvaarden van gewone mensen. De namen van de Russische Sberbank en de Franse Groupe BPCE[13] verwijzen nog naar hun historische wortels als spaarbanken. Spaarbanken investeerden de cash die ze ontvingen in veilige kredieten zoals overheidsleningen. Veel meer deden ze niet, ook geen zaken die nu vanzelfsprekend lijken. Voor bankdiensten als overschrijvingen of een lening moest je niet bij een spaarbank zijn.

Voor ze bij banken terecht konden, konden de meeste mensen enkel geld lenen bij pandjeshuizen. Coöperatieve banken zoals die van de Duitse bankier Friedrich Wilhelm Raiffeisen maakten krediet beschikbaar voor hun leden. Coöperanten konden een lening krijgen bij de bank, waarmee ze investeerden in beter materiaal. De leningen werden gefinancierd met het spaargeld van de andere leden. Het voorbeeld van Raiffeisen werd in verschillende landen gekopieerd.

Ook vandaag blijft krediet van sociaal belang. De *Grameen Bank* van de Bengalese Nobelprijswinnaar voor de Vrede Muhammad Yunus verstrekt microkredieten aan arme ondernemers. Reguliere banken staan weigerachtig tegenover deze mensen, omdat ze niet genoeg onderpand kunnen inbrengen om een lening te verkrijgen.

Critici wijzen er echter op dat microfinanciering geen magische

---

13   BPCE staat voor Banques Populaires – Caisses d'Epargne, wat volksbanken en spaarkassen betekent.

oplossing is om economische ontwikkeling te stimuleren. Meestal werken de schuldenaren in sectoren met een lage productiviteit. Ze ontberen de know-how die nodig is om hun bedrijfjes te doen groeien. Erger nog, veel verstrekkers van microkredieten zijn niet meer dan woekeraars. Hun klanten raken verstrikt in de schulden. [136]

DEEL IV | DE ECONOMIE ALS GEHEEL

Micro versus macro

De eerste helft van dit boek focuste op financiële instellingen en hun klanten.

Nu zullen we uitzoomen en de financiële sector in een breder perspectief bekijken. De rest van het boek gaat over de economie in haar geheel.

De studie van de brede economie wordt macro-economie genoemd. Dit in tegenstelling tot de micro-economie, die het gedrag van individuele bedrijven en consumenten bestudeert.

De interactie tussen alle economische spelers leidt tot fenomenen die niet herleidt kunnen worden tot één enkele persoon of firma. We mogen de hele economie niet zomaar vergelijken met een gezin, want dan trekken we wellicht verkeerde conclusies. Om de spontaan tevoorschijn komende kenmerken van de financiële economie te begrijpen, is een holistische aanpak nodig.

Deel IV introduceert macro-economische concepten zoals bruto binnenlands product en inflatie. Deel V beschrijft het verband tussen banken, krediet en de rest van de economie. De wisselwerking tussen politiek en financiën wordt in Deel VI besproken.

Macro-economische kwesties zoals ongelijkheid, werkloosheid en economische groei vallen buiten het bestek van dit boek.

Geldstromen in kaart brengen

Circulaire stromen

Stel je voor dat je op vakantie bent in Toscane. Je eet er in een ge-
zellig tentje. Wanneer je afrekent, is je geld niet verdwenen. De cash
is nu in handen van de restauranthoudster. De volgende dag geeft
ze het geld uit op de lokale boerenmarkt. De boer gebruikt op zijn
beurt het geld om diesel voor zijn tractor te kopen. De uitbater van
het tankstation zet het geld op een bankrekening. Hij schrijft het
over naar het hoofdkantoor van de oliemaatschappij die brandstof
levert. De oliemultinational betaalt op haar beurt een dividend aan
de aandeelhouders. Zo belandt het geld dat je in Italië uitgaf op de
rekening van een Finse gepensioneerde wiens beleggingsfonds aandelen van de oliemaatschappij bezit.

Het is natuurlijk een beetje gek om te spreken over *jouw* geld in het
voorbeeld hierboven. Bankbiljetten hebben een unieke code waarmee ze geïdentificeerd kunnen worden. Van zodra geld elektronisch
is, is het een getal op een bankrekening. Het bedrag bevat geen informatie over waar het vandaan komt.

Maar het verhaaltje illustreert wel de immense complexiteit waar
de monetaire macro-economie mee te maken heeft. Niemand kan
de honderden miljoenen transacties die iedere dag plaatsvinden
opvolgen of voorspellen.

Om na te denken over hoe geld stroomt, zullen we dus moeten
vereenvoudigen. Macro-economen delen economische spelers gewoonlijk in volgens sectoren: gezinnen, bedrijven en de overheid.
Het idee dat geld rondgaat in de economie wordt voorgesteld door
pijltjes tussen de sectoren, zoals in de tekening aan het begin van
Deel IV. De pijlen staan voor de uitwisseling van geld, goederen en
diensten. Gezinnen kopen van bedrijven. Bedrijven betalen een loon
aan hun werknemers, die deel uitmaken van gezinnen. De overheid belast de private sector (bedrijven en gezinnen) en geeft de
belastingopbrengsten uit aan andere segmenten van de private sector. Banken verlenen krediet aan alle sectoren. Het concept dat geld
voortdurend in andere handen terechtkomt, wordt de economische

kringloop genoemd. Geld verdwijnt niet uit de economie, het wordt 'rondgepompt'.

Het groeperen van individuele spelers in sectoren brengt een zekere orde in de monetaire chaos. Maar dit lost niet alle problemen op.

Pijlen tussen sectoren tonen een onbeweeglijke verdeling van geld-stromen. Ze zeggen niets over hoe de geldstromen evolueren door-heen de tijd. Bovendien roept de economische kringloop het beeld op van water dat rondgepompt wordt in een gesloten circuit van buizen. Maar we weten dat de geldhoeveelheid niet vastligt. Banken maken en vernietigen geld.

We hebben een beter model nodig.

De geldstroommatrix

Hoe kunnen we de uitwisseling van geld tussen entiteiten opvolgen in functie van de tijd? Stel dat er drie personen zijn in de economie: Anton, Beatrice en Colette. Ze hebben elk 10€ om mee te starten. Binnen een week vinden de volgende transacties plaats. Anton geeft 7€ aan Beatrice en 2€ aan Colette. Beatrice geeft 5€ aan Anton. Co-lette geeft 3€ aan Anton en 4€ aan Beatrice. Zie figuur 20.

	Anton	Beatrice	Colette
Anton		7	2
Beatrice	5		0
Colette	3	4	

Figuur 20: Geldstroommatrix met de betalingen tussen drie spelers. De eenheden zijn munt per tijdsperiode, in dit geval €/week (zie tekst).

Ik noem dit rooster een geldstroommatrix (GSM). De rijen tonen welke persoon het geld betaalde. De kolommen stellen de ontvan-ger voor. De diagonale elementen zijn grijs gemaakt, aangezien de betaler en ontvanger van die vakjes dezelfde persoon zijn.

Kijk nu naar figuur 21. De som van de horizontale lijnen toont voor iedere persoon hoeveel hij of zij uitgaf tijdens het tijdsvenster. De som van de verticale lijnen toont de inkomsten van de verschillende personen.

	Anton	Beatrice	Colette	totale uitgaven
Anton		7	2	9
Beatrice	5		0	5
Colette	3	4		7
totale inkomsten	8	11	2	

Figuur *21*: Uitgebreide geldstroommatrix van figuur 20. De rechtse kolom toont hoeveel elke speler in totaal uitgegeven heeft. De onderste rij toont de totale inkomsten van elke speler. De gecombineerde inkomsten van alle spelers zijn gelijk aan hun totale uitgaven.

In dit voorbeeld heeft Beatrice 11€ ontvangen en 5€ uitgegeven. Ze bezit dus 6€ meer dan aan het begin van de week. Aangezien alle geld van één persoon naar de andere gaat en niets verloren wordt, is het logisch dat de totale uitgaven in de economie gelijk zijn aan de totale inkomsten.

In het voorbeeld bedraagt de geldhoeveelheid 30€. De totale uitgaven waren 21€/week. Economen noemen de verhouding van de totale uitgaven tot de geldhoeveelheid de *omloopsnelheid van geld*. Hier is de omloopsnelheid gelijk aan (21€/week)/30€ = 0,7/week.

Het moge duidelijk zijn dat de omloopsnelheid van geld niet vastligt. Wanneer Anton, Beatrice en Colette de volgende week geen transacties doen, zakt de snelheid naar nul. Wanneer ze daarentegen een hele week samen 21€ per dag zouden uitgeven, dan zou de omloopsnelheid zeven keer hoger liggen dan in het voorbeeld.

Samenvoegen naar keuze

Een alwetende econoom zou in principe een geldstroommatrix kunnen opstellen voor de volledige economie. Meer realistisch gezien kunnen we inzichten verwerven over de totale uitgaven en transfers door entiteiten samen te voegen in sectoren.

Het ligt voor de hand dat we een onderscheid maken tussen de private sector en de overheid. Om verder te borduren op het voorbeeld groeperen we Anton, Beatrice en Colette in de private sector. We voegen de overheid toe als nieuwe speler in de matrix.

Nu houdt het wel steek om het diagonaal element van de private sector te berekenen. De privépersonen geven en krijgen 21€ van elkaar.

De geaggregeerde geldstroommatrix van dit scenario is weergegeven in figuur 22.

	Privé	Overheid
Privé	21	0
Overheid	0	0

Figuur *22*: Geldstroommatrix, opgesplitst tussen de privésector en de overheid. De privésector bestaat uit Anton, Beatrice en Colette.

Wat als de overheid Beatrice een belasting oplegt van 4€ en vervolgens 3€ geeft aan Colette, terwijl de transacties tussen de privépersonen gelijk blijven (zie figuur 23)? Dan is er een netto transfer van 1€ van de privésector naar de overheid.

	Privé	Overheid
Privé	21	5
Overheid	4	0

Figuur *23*: De spelers uit de privésector spenderen 21€ onder elkaar. Ze betalen 5€ aan de overheid. De overheid geeft 4€ uit bij de privésector.

Merk op dat de geaggregeerde stromen in figuur 23 verdoezelen welke privépersoon geld betaalt aan de overheid en wie overheidsgeld ontvangt. Hoewel er een netto geldstroom is van de private sector is van de privésector naar de overheid, werd Colette rijker.

De geldstroommatrix laat ons toe problemen te bestuderen op het gewenste niveau. De private sector kan opgesplitst worden in gezinnen en bedrijven. Bedrijven kunnen verder opgedeeld worden volgens de sector waarin ze actief zijn. In plaats van de overheid als één blok te behandelen, kunnen we een onderscheid maken tussen de centrale overheid, gemeentebesturen en alle administratieve niveaus daartussen. Een andere methode van samenvoegen zou kunnen zijn dat we entiteiten bundelen volgens hun nationaliteit.

De matrix lijkt momenteel wellicht abstracte haarkloverij. Het zal later echter van pas komen als we nadenken over internationale handel en schommelingen in uitgaven. Net zoals we in Deel I balansen gebruikten om activa en passiva niet door elkaar te halen, zal de geldstroommatrix ons helpen om de zaken scherp te zien.

Hoe groot is de economie?

Bruto binnenlands product

In theorie laat de geldstroommatrix een beschrijving van alle geldtransacties in de economie toe, zo gedetailleerd als je wil. Om praktische redenen verkiezen beleidsmakers en macro-economen één enkel getal om de grootte van de economie in een gegeven jaar uit te drukken. Dat getal is het Bruto Binnenlands Product (BBP). Financiële nieuwsberichten verwijzen vaak naar statistieken over de groei van het BBP. De staatsschuld en de overheidsuitgaven worden meestal uitgedrukt ten opzichte van het BBP. Economen vergelijken landen aan de hand van hun BBP per capita.

Maar wat is dat BBP nu precies? En hoe wordt het berekend? Het BBP is een maatstaf voor de finale uitgaven van economische spelers. Het geeft de geldwaarde van alle goederen en diensten die in een bepaalde tijdspanne binnen een land geproduceerd worden. Dat betekent dus dat niet alle transacties in de geldstroommatrix meegeteld worden in het BBP.

Het BBP kan in de volgende formule samengevat worden:

$$BBP = C + I + G + (X - M).$$

C staat voor consumptie, I voor investeringen en G zijn overheidsuitgaven. X en M zijn respectievelijk export en import.

Ter illustratie van de grootteordes waarover we spreken, volgen enkele BBP cijfers voor het jaar 2016. België had een BBP van 423 miljard euro. Het bruto binnenlands product van Nederland was 703 miljard euro. [137] De negentien landen van de eurozone hadden een gezamenlijk BBP van 10,8 biljoen euro (een biljoen is duizend miljard). [138] Dat was omgerekend 11,4 biljoen dollar op basis van de wisselkoers van 31 december 2016. Ter vergelijking, het BBP van de Verenigde Staten bedroeg 18,6 biljoen dollar in 2016. [139] China had een BBP van 11,2 biljoen dollar. [140]

Componenten van het BBP

Laten we de componenten van het BBP van naderbij bekijken: consumptie, investeringen, overheidsuitgaven en in- en uitvoer.

Consumptie spreekt voor zich. Voedsel, benzine en wasmachines zijn voorbeelden van consumptiegoederen. Diensten als concerten en kapbeurten vallen ook onder consumptie.

Investeringen zijn wat lastiger. In de context van het BBP hebben investeringen een specifieke betekenis. Normaal gezien gebruiken we de term 'investeren' om de aankoop van financiële activa aan te geven, zoals besproken in Deel II. Maar zo'n financiële investeringen worden niet meegeteld in de BBP cijfers. Voor de economen die het BBP berekenen investeren bedrijven wanneer ze nieuwe machines of uitrusting aankopen. De onverkochte voorraad die bedrijven produceren telt ook als investering. Net zoals de bouw van huizen en andere gebouwen.

Overheidsuitgaven betalen de diensten die de staat aanbiedt. De lonen van politieagenten, leerkrachten en ambtenaren vallen in deze categorie. Daarnaast omvatten de overheidsuitgaven een hele reeks items, gaande van militaire vliegtuigen tot de factuur voor de straatverlichting.

Zoals de naam bruto binnenlands product aangeeft, is het BBP een maatstaf voor de productie binnen een land. Wanneer een Amerikaan een auto koopt die in Japan gebouwd werd, wordt deze aankoop in de VS geregistreerd als een import en in Japan als export. Wanneer toeristen in het buitenland geld uitgeven, telt dit in hun thuisland als invoer.

Wat hoort niet in het BBP?

Het bruto binnenlands product gaat over geld. Diensten die gratis uitgevoerd worden, worden per definitie uitgesloten. Denk dan bijvoorbeeld maar aan vrijwilligerswerk en het werk van huisvrouwen.

Ten tweede bekijkt het BBP uitgaven door eindgebruikers. Intermediaire goederen komen niet in de berekening voor. Het loon dat bedrijven aan hun personeel betalen en betalingen aan toeleveranciers worden uitgesloten. Er wordt een uitzondering gemaakt voor tussenproducten die verhandeld worden met het buitenland. Die aan- en verkopen horen bij in- en uitvoer.

Veel betalingen dragen niet bij aan het BBP. Belastingen zijn één zo'n geval. Transfers zoals pensioenen zijn een ander voorbeeld. Omdat de staat geld geeft aan een gepensioneerde zonder een dienst in de plaats te krijgen, telt dit niet als overheidsuitgave. Wanneer de gepensioneerde zijn pensioengeld uitgeeft in de supermarkt, zien we dat natuurlijk wel terug als consumptie in het BBP.

Andere financiële stromen die niet meegerekend worden in het bruto binnenlands product zijn onder meer de rentebetalingen op de staatsschuld, dividenduitkeringen aan aandeelhouders en geld dat migranten opsturen naar hun thuisland.

Het BBP meten

Het bruto binnenlands product is een bedrieglijk eenvoudig concept. Het venijn zit echter in de details. De prijzen voor goederen en diensten fluctueren. Om het reële bbp te bepalen moet het nominaal bbp gecorrigeerd worden voor inflatie[14]. Het houdt weinig steek om op basis van het nominaal bbp-cijfer te beweren dat de economie tien procent gegroeid, wanneer de prijzen gemiddeld twintig procent hoger liggen dan een jaar tevoren.

In de Europese Unie moeten nationale bureaus voor de statistiek alle inkomsten uit economische activiteiten rapporteren in hun bbp-cijfers. Dat betekent dat statistici ook de grootte van de informele economie moeten inschatten. Het gaat dan bijvoorbeeld over zwartwerk of de verkoop van illegale sigaretten, zaken die per definitie niet aangegeven worden. Toen de nieuwe rapporteringsregels voor het bbp van kracht werden, blokletterden kranten "Drugs en

---

14   Inflatie is de stijging van de prijzen voor een gelijkaardige korf goederen en diensten. Zie het hoofdstuk over inflatie voor meer details.

prostituees halen Italië uit de recessie". [141]

Chinese statistieken zijn berucht om hun onbetrouwbaarheid. [142] De centrale regering in Peking heeft dat zelf toegegeven. Lokale bestuurders worden geëvalueerd aan de hand van de economische groei in hun regio. Dat motiveert ambtenaren om de cijfers te manipuleren, zodat ze in een goed blaadje komen te staan bij hun bazen.

Maar zelfs zonder perverse prikkels hebben economen moeite om het bbp correct te meten. Op papier groeide de Ierse economie in 2015 met maar liefst 26%. Waarnemers waren het er over eens dat dit een statistische illusie was. Maar tegelijk kon niemand een reden geven voor de plotse stijging. [143]

Beperkingen

Het spreekt voor zich dat één enkel getal niet volstaat om de complexiteit van de economie te vatten. Gelukkig hechten mensen ook waarde aan zaken die niets te maken hebben met de economische output.

Politici beloven vaak dat hun beleid de economische groei zal opkrikken. We mogen echter niet uit het oog verliezen dat het bbp niets zegt over hoe de koek verdeeld wordt. Wanneer alle voordelen van de groei bij een kleine toplaag terechtkomen, zorgt een stijging van het bbp ook voor toenemende inkomensongelijkheid. Sommigen vrezen dat hun baan zal vervangen worden door machines. Het bbp stijgt, de winsten verdwijnen in de zakken van kapitalisten. Die ongerustheid leeft al sinds de Industriële Revolutie.

Wanneer de groei komt van chemische fabrieken die het milieu vergiftigen, moeten we kanttekeningen plaatsen bij de vooruitgang. De bloei van de Chinese economie ging gepaard met smog en vervuiling.

Het bbp is ook niet gelijk aan het welbevinden van de bevolking. Een land met hoge misdaadcijfers dat bakken geld uitgeeft aan politie en beveiliging, kan er slechter aan toe zijn dan een veilig land waar het bbp per capita lager ligt. Tijdens de Tweede Wereldoorlog steeg het bbp van de Verenigde Staten erg sterk. Dat kwam door de massale overheidsaankopen van kanonnen, munitie, oorlogsschepen en gevechtsvliegtuigen. De privéconsumptie werd door rantsoenering in toom gehouden.

De voormalige Franse president Sarkozy was zich er van bewust dat het bbp niet voldoende is om het succes van het gevoerde beleid te meten. Hij stelde voor om ook het 'bruto binnenlands geluk' in kaart te brengen. [144]

Internationale onevenwichten

Goederen uitvoeren betekent geld invoeren

In de geglobaliseerde economie zijn er voortdurend geldstromen over de landsgrenzen heen. Bedrijven betalen voor import, ze financieren fabrieken in het buitenland, dividenden gaan naar aandeelhouders aan de andere kant van de wereld en mensen storten geld op offshore rekeningen.

Er is al heel lang een grotere uitstroom van geld uit de Verenigde Staten dan er binnenkomt. Dat komt door het handelstekort dat Amerika heeft met de rest van de wereld. De V.S. importeert meer dan het exporteert. Het spiegelbeeld hiervan is dat sommige landen hele reserves aan vreemde valuta opstapelen. Landen als China, Japan en Duitsland voeren systematisch meer uit dan ze invoeren. Dat laatste trio koopt niet genoeg uit het buitenland om een handelsevenwicht te bereiken.

China trad in 2001 toe tot de Wereldhandelsorganisatie. In de vijftien hierop volgende jaren vergaarde de Volksrepubliek zo'n drie biljoen dollar uit haar handelsoverschot met de rest van de wereld. [145] Deze schat werd opgebouwd ondanks het feit dat Chinese bedrijven en burgers ijzererts kopen in Australië, sojabonen in Brazilië en vastgoed van Vancouver tot Sydney.

Tijdens zijn verkiezingscampagne beschuldigde Donald Trump Amerika's handelspartners van mercantilisme. Sommige landen ondersteunen hun bbp en binnenlandse werkgelegenheid door een omvangrijke exportindustrie. Een studie schatte dat tegen 2011 al 2,8 miljoen Amerikanen hun baan verloren waren als gevolg van Chinese concurrentie. [146]

Mocht de geldhoeveelheid onveranderlijk zijn, dan zouden landen met een voortdurende monetaire uitstroom op den duur zonder geld vallen. We weten echter dat banken geld scheppen. Eigenlijk profiteren buitenlandse exporteurs dus van het feit dat Amerika schulden – en dus dollars – wil maken. Zonder de Amerikaanse markt zouden ze minder kunnen verkopen.

Is het echt zo dat China de Amerikaanse overheid financiert?

Wat gebeurt er op het moment dat een Amerikaanse importeur zijn Chinese toeleverancier betaalt? De Amerikaanse onderneming geeft haar bank de opdracht om dollars over te schrijven naar een Chinese bankrekening. De Amerikaanse bank vereffent de transactie door activa te transfereren naar haar Chinese tegenhanger (zie figuur 24, vergelijkbaar met de betaling tussen banken in figuur 12 van Deel I). Chinese commerciële banken kunnen echter geen reserves aanhouden bij de Federal Reserve. Daarom zullen de banken hun onderlinge betaling vereffenen met andere veilige en liquide activa, met name schatkistpapier (in het Engels *treasury bills* of *T-bills* genoemd). T-bills zijn kortlopende obligaties uitgegeven door het Amerikaans ministerie van Financiën.

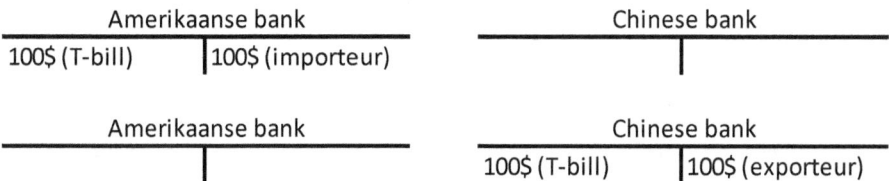

Amerikaanse bank		Chinese bank	
100$ (T-bill)	100$ (importeur)		

Amerikaanse bank		Chinese bank	
		100$ (T-bill)	100$ (exporteur)

Figuur *24*: Een importeur in de VS betaalt 100$ aan een Chinese exporteur. Om de transactie te vereffenen ontvangt de Chinese bank van de exporteur een T-bill ter waarde van 100$ van de Amerikaanse bank van de importeur.

De Chinese exporteur heeft echter geen dollars nodig om haar werknemers te betalen, maar Chinese yuan. De bank van het bedrijf verkoopt de Amerikaanse T-bills aan de Chinese centrale bank (de People's Bank of China, PBoC) in ruil voor yuan. De balansen van de commerciële en de centrale bank worden weergegeven in figuur 25, in de veronderstelling dat één dollar zeven yuan waard is.

Chinese bank		PBoC	
100$ (T-bill)	100$ (exporteur)		

Chinese bank		PBoC	
700Y (reserves)	700Y (exporteur)	100$ (T-bill)	700Y (reserves)

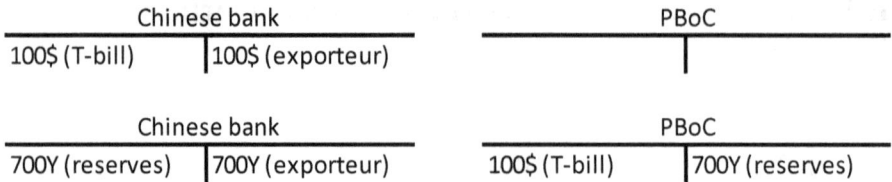

Figuur *25*: De Chinese commerciële bank wisselt de T-bill voor yuanreserves bij de PBoC.

In dit voorbeeld is er geen enkele Chinese entiteit die actief geld leent aan de Amerikaanse overheid. Staatsobligaties van de V.S. belanden bij de PBoC door het handelsoverschot van de Volksrepubliek.

Deze analyse werpt ook een ander licht op de macht die China heeft over Amerika. In 2009 had de V.S. een groot begrotingstekort door bankreddingen en de krimpende economie. Hillary Clinton, de toenmalige minister van Buitenlandse Zaken, ging er bij de Chinezen voor pleiten dat ze T-bills zouden blijven kopen. [147]

Haar oproep verraadt echter een fundamentele economische misvatting. Mochten de Chinese verantwoordelijken hun voorraad Amerikaanse obligaties niet langer willen uitbreiden, dan zouden ze moeten afstappen van hun exportgedreven beleid. Meer invoer vanuit de V.S. naar China zou goed zijn voor de Amerikaanse economie.

Een ander schrikbeeld was dat de Chinese centrale bank haar Amerikaanse obligaties zou dumpen. Maar dan zou de PBoC haar eigen ruiten ingooien. Door plotseling massaal obligaties op de markt te brengen, zou de prijs ervan kelderen. De PBoC zou daarmee zelf grote verliezen op haar obligatieportefeuille veroorzaken. De grootschalige verkoop van dollaractiva zou er dan weer voor zorgen dat de dollar goedkoper wordt ten opzichte van de yuan. Een zwakke dollar speelt in het nadeel van Chinese exportbedrijven.

Een verkoop van Amerikaans staatspapier door buitenlandse investeerders zou zelfs geen fiscale crisis veroorzaken voor Uncle Sam. De Federal Reserve kan immers altijd overheidsschuld opkopen.

Waarom Griekenland Amerika niet is

Net zoals er intercontinentale evenwichten zijn tussen China en de VS, heeft Europa interne onevenwichten. Duitsland en Nederland zijn netto uitvoerders. Landen als Griekenland en Spanje hebben dan weer handelstekorten.

Op het eerste zicht kunnen we dezelfde analyse maken als in het geval van Amerika en China. Wanneer een Nederlandse exporteur bloemen verkoopt aan haar Spaanse klanten, ontvangt een Nederlandse bank activa van een bank in Spanje.

Er zijn echter twee cruciale verschillen waardoor de Chinees-Amerikaanse analogie niet geldig is voor onevenwichten binnen Europa. Ten eerste delen de landen van de eurozone dezelfde munt. De Spaanse en Griekse munten kunnen niet verzwakken ten opzichte van de noordelijke eurolanden, ondanks een voortdurende netto-import. Ten tweede hebben de leden van de eurozone geen onafhankelijke nationale banken meer. Indien nodig kan de Federal Reserve Amerikaanse overheidsobligaties kopen. In Griekenland heeft de Europese Centrale Bank het laatste woord over noodleningen, niet de (centrale) Bank van Griekenland.

Inflatie

Meerdere maatstaven

Hoeveel kan je kopen met een bepaalde hoeveelheid geld? Er is geen vast antwoord op deze vraag. De koopkracht van geld verandert namelijk doorheen de tijd. Zo ligt de koopkracht van honderd dollar nu bijvoorbeeld 95% lager dan een eeuw geleden. [148] Het verschijnsel dat de reële waarde van geld vermindert wordt inflatie genoemd. Je hebt met andere woorden meer geld nodig om dezelfde goederen en diensten te betalen. De omgekeerde situatie wordt negatieve inflatie of deflatie genoemd. Bij deflatie zijn de prijzen voor dezelfde producten dus lager op een later tijdstip.

Het is natuurlijk niet zo dat de prijs voor alles met hetzelfde percentage verandert. Inflatie middelt volatiele prijzen uit. De prijs voor verse groenten en fruit kan sterk fluctueren in functie van het oogstseizoen. Inflatie is een gemiddelde trend die men uit de ruis van duizenden prijsbewegingen haalt.

Er bestaat geen unieke wijze om te meten hoeveel prijzen gestegen zijn ten opzichte van het vorig jaar.

Officiële statistieken rapporteren gewoonlijk de inflatie van de consumptieprijzen. Die inflatie houdt rekening met de prijsverschillen van zaken waar consumenten geld aan spenderen. Denk dan bijvoorbeeld maar aan voedsel, benzine, de huur, gezondheidszorg, onderwijs en ontspanning. In het mandje met producten waarmee de consumptieprijsinflatie berekend wordt zitten ook duurzame consumentengoederen als auto's en wasmachines.

Een ander type inflatie is *asset price inflation*, de stijgende prijzen van beleggingsactiva. De prijsdynamiek van aandelen en vastgoed kan sterk afwijken van de consumptieprijsinflatie. Kapitaalbezitters worden in reële termen rijker wanneer de prijzen van hun beleggingen sterker stijgen dan de consumptieprijzen. Het omgekeerde is natuurlijk ook waar. Als de consumptieprijsinflatie hoger ligt dan de inflatie van activa, is dat een slechte zaak voor mensen met veel bezittingen.

Stel dat de prijsstijgingen van activa zoals woningen gedurende lange tijd die van consumptiegoederen overtreffen. Stel bovendien dat de lonen de consumptieprijsinflatie volgen. Als dat het geval is, krijgen werknemers het alsmaar moeilijker om een huis te verwerven. Wanneer we enkel oog hebben voor consumptieprijsinflatie, zien we dit effect over het hoofd.

Zelfs onder de producten waarmee de inflatie van consumptieprijzen gemonitord wordt, kan het dat verschillende categorieën lange tijd uiteenlopen. Tussen 2000 en 2016 werd medische zorg in de Verenigde Staten 80% duurder. In dezelfde periode stegen vervoerskosten minder dan 30%. [149]

De verscheidenheid aan goederen in de economie zorgt ervoor dat het lastig is om de inflatie te meten. Statistici moeten een korf goederen selecteren waarvan ze de prijzen opvolgen. Deze werkwijze roept meteen een aantal vragen op. Hoeveel spendeert een gemiddeld gezin aan vliegreizen, communicatie, vrijetijd of voedsel? Welk vlees (biefstuk, kip, hamburgers...) moet in de inflatiekorf en in welke verhoudingen?

Bovendien evolueert het aanbod aan consumentenproducten voortdurend. Daardoor moet de samenstelling van de inflatiekorf regelmatig aangepast worden. Niemand koopt nu nog een Walkman of een videorecorder.

Een laatste complicatie bij het meten van de inflatie heeft te maken met kwaliteitsaanpassingen. Moderne computers zijn veel krachtiger dan oude modellen uit de jaren 1990. Spaarlampen verbruiken veel minder energie dan gloeilampen en ze gaan (in theorie althans) ook langer mee. Nieuwe auto's zijn zuiniger en beter bestand tegen roest dan de benzineslurpers uit de jaren 1960. Al deze toestellen hebben nog dezelfde naam als in het verleden, maar de gebruikswaarde van moderne apparaten ligt hoger. In zekere zin krijgt de koper dus meer waarde voor zijn geld. Kwaliteitsverhogingen worden gebruikt als argument om de ruwe inflatiecijfers naar beneden bij te stellen.

De oorzaken van en controle over inflatie

Inflatie is geen natuurkracht die de economie van buitenaf overkomt. Prijzen worden tenslotte bepaald door de wisselwerking tussen kopers en verkopers. Wat zijn de drijvende krachten achter inflatie? En hoe kan de inflatie gecontroleerd worden?

Zoals gewoonlijk zijn economen het niet eens over de antwoorden op deze vragen.

Eén inflatie-episode deed zich voor in de jaren 1970. Tussen 1970 en 1980 stegen de prijzen in de V.S. gemiddeld zo'n acht procent per jaar. [150] Vaak wordt de inflatie in dit decennium toegeschreven aan het Arabische olie-embargo. Door dat embargo steeg de prijs van een vat ruwe olie in korte tijd met 300%, van 3 dollar in oktober 1973 tot 12 dollar in maart 1974. [151]

Deze verklaring houdt echter weinig steek wanneer we ze van naderbij bekijken. Oliederivaten (benzine, stookolie, plastiek...) zijn maar enkele items in de korf met consumptiegoederen waarmee de inflatie gemeten wordt. Mocht olie de inflatie volledig verklaren, dan zou de consumptieprijsinflatie na een initiële prijsschok teruggevallen moeten zijn.

In plaats daarvan werd een cyclus van loon- en consumptieprijsinflatie in gang gezet. Arbeiders, vertegenwoordigd door vakbonden, konden loonsverhogingen afdwingen van hun werkgevers. De hogere lonen waren geen weerspiegeling van een stijgende productiviteit. Ze dienden enkel om de stijgende kosten van levensonderhoud bij te benen. De bedrijven rekenden de stijgende personeelskosten op hun beurt door in de prijs van hun producten.

Waar kwam het geld vandaan waarmee de hogere lonen en prijzen betaald werden? Het werd gecreëerd door leningen. Volgens econoom Milton Friedman is inflatie dan ook altijd en overal een monetair fenomeen. [152] Economische spelers, die verwachten dat ze in de toekomst makkelijker hun schulden zullen kunnen afbetalen omdat het geld minder waard zal worden door de inflatie, gaan grotere leningen aan. Men besteedt meer geld aan duurzame goederen, in de veronderstelling dat die immuun zijn voor inflatie. De extra uitgaven dragen bij tot hogere prijzen. Kredietverstrekkers rekenen hogere rentevoeten aan om de reële inkomsten van hun leningen te bewaken.

De kredietgroei zorgt ervoor dat de inflatie kan voortduren. Om de kredietexpansie een halt toe te roepen, verhoogt de centrale bank de rente. In figuur 8 zagen we dat banken de leningen die ze uitschrijven financieren met deposito's. Anders moeten ze de uitstroom van cash (reserves) compenseren door te lenen bij andere financiële instellingen (zie figuur 12). In 1980 zette Fed voorzitter Paul Volcker de rente waaraan commerciële banken konden lenen bij de Federal Reserve op twintig procent. De hoge rente van de centrale bank schrikte banken af om nog meer geld uit te lenen, aangezien ze hoge rentes moesten betalen op hun passiva. De rentes op de interbancaire markt houden immers rekening met de kortetermijnrente van de centrale bank. Kandidaat-leners werden geconfronteerd met hoge kredietkosten. De hoge rentes zetten mensen er ook toe aan om geld te sparen. Doordat ze een deel van hun inkomen niet uitgaven, daalde de omloopsnelheid van het geld. Al deze effecten van de hoge rente samen slaagden erin om de inflatie te beteugelen.

Overheidsfinanciën

Inflatie raakt iedereen in de economie. Dat maakt het een politiek beladen onderwerp. Stijgende prijzen zijn slecht voor het imago van de regering.

Zoals we eerder gezien hebben, kunnen politici de verantwoordelijkheid om de inflatie te beheersen delegeren naar de centrale bank. Soms proberen regeringen zelf de levensduurte te beperken door middel van prijscontroles. De prijs van bepaalde producten moet dan onder een van hogerhand opgelegd maximum blijven. Winkeliers zullen die producten echter uit de rekken halen wanneer de verordende prijzen hun kosten niet dekken. Dat stimuleert de zwarte markt, waar goederen wel nog verkocht worden aan een winstgevende prijs die geen rekening houdt met de prijscontroles.

In tegenstelling tot wat vaak beweerd wordt, is inflatie geen belasting. In veel landen zijn uitkeringen en pensioenen gekoppeld aan de inflatie. Door deze indexering vertalen stijgende prijzen zich automatisch in hogere staatsuitgaven.

Creatieve politici hebben echter enkele trucen achter de hand waarmee ze de kosten van indexering kunnen inperken. Eén van die kunstgrepen is de keuze van de korf producten waarmee de inflatie bepaald wordt. In België zijn sociale uitkeringen bijvoorbeeld afhankelijk van de gezondheidsindex. De gezondheidsindex volgt de prijs van consumentengoederen, met uitzondering van alcohol, tabak, benzine en diesel. Het is weinig verrassend dat de overheid regelmatig de prijs van die uitgesloten producten de hoogte injaagt met hogere accijnzen. Een andere truc is de indexsprong. In dat geval laat men de uitkeringen niet meestijgen met de hogere prijzen. Deze trucen verkleinen de impact van de inflatie op de begroting. Ze zorgen ervoor dat de reële overheidsuitgaven dalen.

Hyperinflatie

Hyperinflatie is een extreme vorm van inflatie, meestal gedefinieerd door prijsstijgingen van meer dan vijftig procent per maand. De bekendste hyperinflatie vond plaats in Duitsland tussen 1921 en 1923. Het Verdrag van Versailles had Duitsland opgezadeld met grote oorlogsschulden aan het buitenland. De economie, die nog niet bekomen was van de oorlogsjaren, werd geplaagd door stakingen. Frankrijk en België confisqueerden steenkool in het Ruhrgebied. Door de politieke instabiliteit had de regering niet voldoende gezag om veel belastingen te innen. Overheidsuitgaven werden betaald met geld dat geleend werd bij de centrale bank, de *Reichsbank*.

Al deze elementen samen leidden tot torenhoge prijzen en de vernietiging van de Duitse munt.

Door de hyperinflatie stortte de wisselkoers van de Duitse Reichsmark ten opzichte van buitenlandse valuta als de Amerikaanse dollar in elkaar. Begin 1921 was één dollar nog negentig mark waard. Op het einde van de hyperinflatie in november 1923 kon je voor één dollar maar liefst 4,2 biljoen mark krijgen!

En toch is de Duitse hyperinflatie na de Eerste Wereldoorlog niet de ergste uit de geschiedenis. Die twijfelachtige eer is weggelegd voor Hongarije in 1946. Op het hoogtepunt van de Hongaarse hyperinflatie stegen de prijzen met 150 000 procent per dag. [153] Op het eind printte de centrale bank biljetten met een waarde van 10^{20} pengö.

Geld verliest razend snel zijn koopkracht tijdens een hyperinflatie. Daarom schakelen mensen meestal over op ruilhandel. Of ze gebruiken stabiele buitenlandse valuta om te handelen en te sparen.

DEEL V | EEN LEVEND SYSTEEM

"Economen zijn notoir onbekwaam in het begrijpen van de manier waarop balansen functioneren in een dynamisch systeem" – Michael Pettis, professor financiën [154]

Het raadsel van de economische cycli

De economie groeit niet volgens een rechte lijn. De economische activiteit van een land hangt af van tal van factoren. Denk bijvoorbeeld maar aan de omvang en scholingsgraad van de beroepsbevolking, institutionele obstakels die zakendoen bemoeilijken, kapitaal in de vorm van transportmiddelen, fabrieken en infrastructuur. Het zijn allemaal zaken die een invloed hebben op de totale productie.

Bijgevolg zal de groei van de economie afhangen van technologische innovaties, de handelspolitiek, de bevolkingsgroei, het gemiddeld aantal gewerkte uren per persoon et cetera.

Al deze reële elementen kunnen het gedrag van de economie echter niet volledig verklaren. Een recessie is een periode waarin het bruto binnenlands product twee opeenvolgende kwartalen krimpt. Maar recessies vinden niet alleen plaats in landen die geteisterd worden door oorlogen of ziektes. Ingenieurs worden niet plots dommer tijdens recessies. Werknemers nemen geen onbetaalde vakantie wanneer ze onvrijwillig werkloos worden. Omgekeerd kan het bbp sterk groeien zonder technologische doorbraken of een bevolkingsexplosie.

Economische golfbewegingen, soms ook de conjunctuurcyclus genoemd, worden voor een groot stuk gedreven door financiële krachten. Het collectieve financiële gedrag van bankiers, bedrijfsleiders, gezinnen en politici kan resulteren in een gedeelde welvaart. Op andere momenten zijn ongewenste fenomenen zoals hoge inflatie of recessies de uitkomst van vele individuele beslissingen.

Deel V verkent hoe massapsychologie economische ups en downs teweeg brengt. Eerst zullen we analyseren hoe het bbp beïnvloed wordt door fluctuaties in het totale spaar- en uitgeefgedrag. Ook de wisselwerking tussen de economische activiteit en banken via krediet komt aan bod. Daarna behandelen we mogelijke oorzaken van de veranderingen in het uitgavenpatroon. Vervolgens wordt getoond hou regeringen en centrale banken de economie terug in een stabiele richting kunnen sturen. Tenslotte benadrukken we het belang van economen in het begrijpen en managen van de economie.

Uitgeven en sparen

Welke impact heeft een veranderd spaar- en uitgavegedrag op de economische productie? In wat volgt zullen we aannemen dat de som van de elementen in de geldstroommatrix evenredig is met het bruto binnenlands product (bbp) in die periode. Bovendien zullen we in- en uitvoer negeren. Deze benaderingen vereenvoudigen de discussie.

Onder de gegeven assumpties kunnen we de evolutie van het bbp opvolgen door het geld dat de spelers uitgeven gedurende opeenvolgende periodes.

Laten we dit concreet maken. Om de zaken zo simpel mogelijk te houden, zijn er twee economische spelers: Anton en Beatrice. In de eerste periode geven ze elk 50€ euro uit. Het totale bbp is dan 100€. De overeenkomstige geldstroommatrix wordt weergegeven in figuur 26.

bbp = 100	Anton	Beatrice
Anton		50
Beatrice	50	

Figuur *26*: De geldstromen tussen Anton en Beatrice *zijn een benadering voor het bruto binnenlands product (bbp). Het bbp bedraagt 100€ tijdens deze periode.*

Tijdens de volgende periode geeft Beatrice 5€ minder uit aan goederen en diensten van Anton. De uitgaven van Anton veranderen niet, hij spendeert opnieuw 50€. De totale uitgaven zijn dus slechts 95€, zoals je kan zien in figuur 27. Omdat het inkomen van elke persoon gelijk is aan de uitgaven van de ander, heeft Beatrice op het eind van de tweede periode vijf euro gespaard ten koste van Anton.

bbp = 95	Anton	Beatrice
Anton		50
Beatrice	45	

Figuur *27*: Tijdens de tweede periode geeft Beatrice 5€ minder uit. Er is een netto geldtransfer van Anton naar Beatrice. Het bbp zakt naar 95€ voor deze periode.

In de derde periode (zie figuur 28) schroeft Anton zijn uitgaven terug. Op die manier probeert hij er voor te zorgen dat hij niet meer uitgeeft dan wat hij verdient. Beatrice houdt haar uitgaven op hetzelfde niveau als de voorgaande periode. Het bbp (totale uitgaven) is in de derde periode gezakt naar 90€.

bbp = 90	Anton	Beatrice
Anton		45
Beatrice	45	

Figuur *28*: Gedurende de derde periode vermindert Anton zijn uitgaven tot 45€, hetzelfde bedrag als Beatrice. Het bbp bedraagt 90€ in de derde periode.

Dit simpel voorbeeld legt enkele belangrijke punten bloot. Ten eerste: niet alle economische spelers kunnen op hetzelfde moment spaarders zijn. Sommige groepen zijn in staat geld te sparen omdat anderen meer uitgeven dan hun inkomsten. Ten tweede: het uitgavegedrag verandert doorheen de tijd. Veel mensen zetten geld op hun spaarrekening wanneer ze werk hebben. Ze gebruiken dat spaargeld als ze werkloos worden of op pensioen gaan. Bedrijven die grote investeringen doen zullen waarschijnlijk meer uitgeven dan ze verdienen. Omgekeerd zijn er bedrijven die hun winsten niet herinvesteren in onderzoek of nieuwe uitrusting. Als deze laatste bedrijven hun winst niet uitkeren aan de aandeelhouders, potten ze geld op. Eind 2016 had technologiebedrijf Apple bijvoorbeeld bijna 250 miljard dollar aan cash vergaard. [155]

Het voorbeeld van Anton en Beatrice toont aan dat het verlangen van individuen om te sparen slecht kan zijn voor de economie als geheel. Dit fenomeen wordt de *paradox van spaarzaamheid* genoemd. Het is voorzichtig om een appeltje voor de dorst te sparen. Maar wanneer iedereen tegelijk probeert te sparen, krimpt het nominaal bbp.

Het is belangrijk om te benadrukken dat we het over *nominaal* bbp hebben.

Als Beatrice in de tweede periode dezelfde producten koopt van Anton als tijdens de eerste periode, wil dat zeggen dat Anton zijn prijzen verlaagd heeft. In plaats van 50€ betaalt Beatrice immers maar 45€ meer. Wanneer er deflatie optreedt, kan het dat de reële economische output toch gelijk blijft of stijgt terwijl het nominale bbp zakt. Er wordt evenveel of meer geproduceerd, maar de gemiddelde prijzen voor de geproduceerde goederen en diensten dalen.

Zo'n scenario is geen theoretische spielerei. In het decennium volgend op het jaar 2000 kende Japan een milde deflatie terwijl het reëel Japans bbp groeide. [156]

Toch zijn veel economen beducht voor deflatie. Dat komt door de Grote Depressie. In de jaren 1930 ondervond de V.S. een negatieve economische groei die gepaard ging met deflatie. [157] Het reëel bbp kromp samen met de nominale prijzen.

Bedrijven kunnen niet gemakkelijk de nominale lonen van hun werknemers verlagen. Als reactie op een lagere omzet gaan ze veeleer kosten besparen door een deel van het personeel te ontslaan. Wanneer de werklozen geen nieuwe jobs vinden, zullen ze waarschijnlijk minder uitgeven dan toen ze wel nog werk hadden. Deze reeks processen weegt op de totale vraag in de economie.

Er is nog een reden waarom deflatie economen zorgen baart. Wanneer mensen geloven dat de prijzen volgend jaar lager zullen zijn, zullen sommigen hun aankopen uitstellen. Ze spenderen nu minder, wat een rem zet op het bbp van dit jaar.

Een gebrek aan uitgaven kan dus tot een aantal gerelateerde macro-economische problemen leiden. Werknemers verliezen hun baan, winkels blijven leeg en de productievolumes van fabrieken liggen ver onder de maximale capaciteit.

Schuld gedreven groei

Mocht er geen krediet bestaan, dan zouden de uitgaven die mensen kunnen doen beperkt zijn door hun inkomsten en de hoeveelheid geld dat ze voordien spaarden. Het nominaal bbp zou enkel stijgen als de omloopsnelheid van het geld stijgt. Om het voorbeeld uit het vorig hoofdstuk te gebruiken: Anton en Beatrice zouden elkaar frequenter moeten betalen om de totale uitgaven omhoog te krijgen.

In werkelijkheid zijn de uitgaven van gezinnen, bedrijven en overheden niet begrensd door hun inkomsten en spaargeld. Wanneer een bank geld leent, krijgt de ontlener meer koopkracht. Schulden op kredietkaarten ondersteunen de verkoop van consumptieartikelen. Hypotheekschulden financieren nieuwe huizen. Een effectenkrediet stelt je in staat aandelen te kopen. Regeringen compenseren het tekort aan belastinginkomsten door obligaties uit te geven.

Uitgaven voor nieuw geproduceerde goederen en diensten tellen mee voor het bbp. Schulden maken bijkomende vraag mogelijk en daardoor ook economische groei.

Stel dat Anton op het eind van de derde periode in het vorig hoofdstuk een lening van 20€ aangaat. Gedurende de vierde periode geven Anton en Beatrice elk 45€ uit. Daarbovenop spendeert Anton de 20€ die hij geleend heeft.

Laten we er van uit gaan dat Anton en Beatrice elk een deposito van 50€ hebben bij dezelfde bank. Alle transacties verlopen elektronisch. Figuur 29 toont de balans van de bank voor en na de lening.

Bank		Bank	
100€ (cash)	50€ (Anton)	100€ (cash)	70€ (Anton)
	50€ (Beatrice)	20€ (lening Anton)	50€ (Beatrice)

Figuur *29*: Balans van de bank voordat (links) en nadat (rechts) Anton een lening van 20€ krijgt.

Figuur 30 stelt de geldstroommatrix van de vierde periode voor. Er is een netto overdracht van 20€ van Anton naar Beatrice. Het totale bbp is gestegen naar 110€ dankzij Anton's door schulden gefinancierde uitgaven.

bbp = 110	Anton	Beatrice
Anton		65
Beatrice	45	

Figuur *30*: De geldstroommatrix van periode vier. Anton spendeert 20€ bovenop de geldstromen van de derde periode.

De stijgende hoeveelheid geld in de economie stelt mensen in staat om te sparen zonder de totale vraag in gedrang te brengen. Een groeiend volume bankdeposito's verklaart ook hoe er inflatie kan optreden zonder dat de omloopsnelheid van het geld versnelt. Alhoewel er geen één-op-één-relatie is tussen schuldengroei en de groei van het bbp, bewegen deze variabelen toch meestal in dezelfde richting. Schuld wordt echter niet altijd efficiënt aangewend om de economische output op te krikken. Zo verdubbelde het Chinese bbp tussen 2008 en 2016. Maar de totale schuldenberg[15] in China groeide nog sneller, van 150% van het jaarlijks bbp tot 250%. [158]

Er is natuurlijk een keerzijde aan het stimuleren van groei door schuld. Op een bepaald moment moeten schulden terugbetaald worden. De ontlener moet dan een deel van zijn inkomen spenderen aan rente- en hoofdsombetalingen. Deze betalingen reduceren de geldstroom in de reële economie. Terwijl iemand uit de schulden geraakt, krimpt de geldhoeveelheid.

Stel dat Anton de banklening in de vijfde periode moet terugbetalen. Om het eenvoudig te houden, rekent de bank geen rente aan. Anton moet dus enkel de hoofdsom van 20€ betalen aan de bank. De uitgaven van Beatrice liggen vast op 45€ per tijdsschijf. Wanneer Anton beslist om zijn inkomsten in de vijfde periode te verdelen tussen uitgaven aan Beatrice en de terugbetaling van zijn lening, dan kan hij maar 25€ uitgeven in de reële economie. Denk eraan dat financiële transacties niet meetellen in het bbp. Figuur 31 toont de geldstroommatrix van de vijfde periode. Het bruto binnenlands product krimpt tot 70€. Dat is een gevolg van de vernietiging van bankgeld bij de terugbetaling van Antons schuld.

---

15   De totale schulden omvatten de schulden van de overheden, de gezinnen en de bedrijven.

bbp = 70	Anton	Beatrice
Anton		25
Beatrice	45	

Figuur *31*: De geldstroommatrix van de vijfde periode. Anton gebruikt 20€ van de inkomsten die hij van Beatrice ontvangt om zijn lening terug te betalen.

Het opbouwen en afbouwen van een financiële hefboom is een normaal proces. Jonge gezinnen gaan schulden aan om een woning te kopen. Daarna betalen ze jarenlang hun hypotheek af. Bedrijven lenen geld om sneller dan de concurrentie in te spelen op kansen die de markt biedt. Met hun toekomstige inkomsten kunnen ze de lening terugbetalen.

Er is echter een probleem wanneer het totale volume aan kredieten in de economie inkrimpt. Zo'n situatie wordt schulddeflatie genoemd. Nieuwe consumptie- of investeringskredieten wegen niet op tegen de schuldaflossingen op oude leningen. Het gevolg is dat bedrijven geconfronteerd worden met een lagere vraag naar hun producten. Door de slechter wordende economische vooruitzichten zullen bedrijfsleiders er voor kiezen om hun productiecapaciteit niet uit te breiden. Of misschien beginnen ze zich zorgen te maken over hun eigen schulden en proberen ze die te verminderen. Ondernemers kunnen ook personeel ontslaan en besparen op de loonkosten. De onzekerheid over hun inkomen zet werknemers ertoe aan om ook hun schulden en uitgaven te verminderen.

In het vorig hoofdstuk zagen we de negatieve impact van dalende uitgaven. Schulden kunnen deze vicieuze cirkel dus nog versterken. Een globale schuldafbouw verstikt de economische bedrijvigheid. Ironisch genoeg kan het zijn dat het bbp hierdoor sneller daalt dan de uitstaande schulden. De collectieve poging om schuldenvrij te worden zal dan de verhouding van totale schulden tot het bbp alleen maar groter maken.

Schulddeflatie is niet de enige manier waardoor de schuldenlast zwaarder kan worden dan verwacht. In landen waar de inflatie in het recente verleden hoog was, is de rente meestal ook hoog. Kredietnemers in zulke landen gaan vaak leningen aan in vreemde valuta. Dat lijkt een goede zaak, omdat de intrest op die leningen lager ligt. In 2008 was twee derde van de hypotheekleningen in Hongarije uitgedrukt in Zwitserse frank in plaats van Hongaarse forint. [159]

In de jaren 1990 waren de schulden van veel Aziatische bedrijven uitgedrukt in Amerikaanse dollar. [160]

Zolang de binnenlandse valuta in waarde stijgt (of tenminste stabiel blijft) tegenover de buitenlandse munt is er geen probleem voor de schuldenaren. De problemen beginnen op het moment dat de waarde van de binnenlandse valuta zakt. Plots lopen de kosten van de schuld in vreemde valuta hoog op voor bedrijven en gezinnen die hun inkomen in de lokale munt verdienen. Dat was het geval tijdens de Aziatische financiële crisis in 1997. In één maand tijd zakte de wisselkoers van de Koreaanse won van minder dan 1000 won per dollar naar bijna 2000 won per dollar. [160] De waardevermindering van hun thuismunten dwong bedrijven van Zuid-Korea tot Indonesië tot wanbetalingen op hun dollarschulden.

Banken en de conjunctuurcyclus

Banken spelen een belangrijke rol in de economie. We zagen in het vorig hoofdstuk dat de totale vraag schommelt volgens de expansie en de samentrekking van schuld.

Wanneer banken niet naar behoren functioneren, zullen ze niet geneigd zijn te lenen. Maar is niet enkel zo dat ongezonde banken de economie kunnen besmetten. Het omgekeerde geldt ook. Een economie die in het slop zit, maakt ook de banken ziek wanneer bedrijven over kop gaan. Bankieren is een procyclische sector. Wanneer de economie boomt, maken banken grote winsten. Bij een neergang moeten banken verliezen slikken.

Laten we eens van nabij bekijken waarom banken er voor terug zouden deinzen om kredieten te verstrekken. Geld uitlenen is immers hun kernactiviteit.

Liquiditeitsproblemen kunnen een rol spelen. De hoeveelheid liquide activa van een bank verandert niet wanneer ze een lening goedkeurt. Maar kredietnemers geven het geleende geld uit. Hoogstwaarschijnlijk wordt een groot deel overgeschreven naar rekeningen bij andere financiële instellingen. Hierdoor vermindert de cashreserve van de bank die de lening uitschreef. Wanneer een bank minder krediet verstrekt, zal haar liquiditeitspositie geleidelijk verbeteren dankzij de instroom ten gevolge van bestaande leningen die klanten afbetalen.

Voor er een depositogarantiestelsel was, konden bankruns de financiële sector lamleggen. Door liquiditeitstekorten viel de kredietverlening stil. Het gebrek aan krediet remde investeringen en consumptie af. Er zijn meerdere historische voorbeelden die deze dynamiek bevestigen.

Economisch geschiedkundigen noemen de periode van 1873 tot 1879 wel eens de 'Lange Depressie'. De wereldeconomie kampte in die tijd met trage groei en deflatie. Het is waarschijnlijk geen toeval dat de Lange Depressie begon met de Paniek van 1873, toen Amerikaanse spaarders haalden hun geld weghaalden bij de banken.

In 1931, twee jaar na de crash op Wall Street, kwamen banken aan de andere kant van de Atlantisch Oceaan in de problemen toen de

Oostenrijkse *Creditanstalt* bank implodeerde. Het falen van Credit-anstalt zette over heel Europa een reeks bankruns in gang. [161] De problemen bij de banken verergerden de Grote Depressie.

De Grote Recessie vanaf 2008 werd voorafgegaan door een run op het schaduwbankensysteem.

Kredietverliezen kunnen een andere reden zijn waarom ban-kiers plots minder vlot leningen toestaan. Stel dat gezinnen en bedrijven die veilig geacht werden, plots niet meer in staat zijn om hun schulden af te lossen. Banken zullen de risico's die ze lopen strenger inschatten. Ze zullen alleen nog leningen met aantrekke-lijke voorwaarden toestaan aan de meest kredietwaardige klanten. Minder betrouwbare klanten kunnen enkel een lening krijgen als ze akkoord gaan met hoge rentevoeten. Daardoor zullen sommige mogelijke kredietnemers hun plannen opbergen.

De risico's voor de banken nemen ook toe wanneer de waarde van het onderpand dat hun leningen dekt afneemt. Dalende huizen-prijzen maken bijvoorbeeld hypotheekleningen minder interessant voor de bank. Door een hogere eigen inbreng te eisen van de kop-ers – en dus minder geld te lenen - verzekert de bank zich tegen een verdere daling van de prijzen.

Hogere kapitaalvereisten kunnen nog een andere verklaring zijn voor het krimpen van de volumes aan bankleningen. Het busi-nessmodel van banken werkt intrinsiek met een hefboom. Extra leningen en de daarmee samenhangende deposito's vergroten de balans. Maar het eigen vermogen van de bank blijft in eerste in-stantie constant. Banken hebben een aantal opties wanneer ze hun kapitaal moeten verhogen ten opzichte van hun totale activa. Ze kunnen ervoor kiezen hun winst niet uit te keren. Ze kunnen vers kapitaal ophalen door nieuwe aandelen uit te geven. Banken kunnen proberen om een deel van hun kredietportefeuille en de deposito's die er tegenover staan te verkopen. Of ze kunnen nieuwe leningen aan een trager tempo toestaan dan de bestaande leningen terugbetaald worden. Door de balans in te krimpen zal het percen-tage eigen vermogen van de bank automatisch stijgen ten opzichte van haar passiva.

Samengevat zijn er dus meerdere mechanismen waardoor pro-blemen in de banksector kunnen resulteren in slechte macro-economische uitkomsten. Omgekeerd zal een slecht economisch klimaat een negatieve impact hebben op de banken.

Een daling van de totale vraag – en dus van de omzet van de bedrijven – zorgt dat bedrijven moeilijker hun schulden kunnen betalen. Banken blijven zitten met noodlijdende kredieten of 'non performing loans'. Dat zijn leningen waarvan de kredietnemer de contractuele voorwaarden geschonden heeft. Bijvoorbeeld iemand die maanden na het afgesproken tijdstip nog steeds de geplande afbetaling niet overgemaakt heeft aan de bank. Als de lener failliet gaat, zal de bank meestal maar een deel van het verschuldigde geld kunnen recupereren.

Italië is een goed voorbeeld van de impact van de economie op de banken. In 2016 lag het Italiaans bruto binnenlands product nog steeds acht procent onder het piekniveau van 2007. Tijdens de crisisjaren stegen de non performing loans in de boeken van de Italiaanse banken tot 360 miljard euro. Dat bedrag komt overeen met een kwart van het jaarlijkse bbp van Italië. Door de vele afschrijvingen verdampte het kapitaal van de banken. De regering in Rome besloot om enkele financiële instellingen te behoeden voor het faillissement. Monte dei Paschi di Sienna, de oudste nog actieve bank ter wereld, was één van de banken die gered werden. [162]

Het spreekt voor zich dat banken met kleine kapitaalbuffers al snel het doelwit worden van bankruns. Dat is zeker zo wanneer rekeninghouders weinig vertrouwen hebben in het depositogarantiesysteem. Toezichthouders dringen er in zo'n geval meestal op aan dat de banken hun kapitaal versterken met geld van privé-investeerders. Maar die laatsten staan daar niet voor te springen wanneer het waarschijnlijk is dat de banken in de toekomst nog meer verliezen zullen boeken.

Zo zijn we terug bij af. De banken en de economie zitten aan elkaar vast.

We moeten overigens opmerken dat de scenario's hierboven enkel de neerwaartse beweging van de conjunctuur beschrijven. De koppeling tussen de banken en de economie werkt uiteraard ook in positieve richting. Sterke kredietgroei en de daarop volgende stijging in de uitgaven zorgt dat leners relatief gemakkelijk hun schulden kunnen afbetalen. Banken lijden weinig kredietverliezen, wat hun winsten de hoogte injaagt.

Het samenspel van activaprijzen en economische bedrijvigheid

De aandelenmarkt

Econoom Paul Samuelson zei eens al schertsend "de beurs heeft negen van de laatste vijf recessies voorspeld." Dat was een grap om aan te geven dat investeerders geen glazen bol hebben waarmee ze de economische toekomst kunnen voorspellen. Maar Samuelsons uitspraak bevat wel een grond van waarheid. Aandelenkoersen en economische groei hebben de neiging om in tandem te bewegen.

Een bloeiende economie verantwoordt stijgende aandelenmarkten. De omzet en winst van bedrijven gaat omhoog. Investeerders trekken die trends door naar de toekomst. Ze zijn bereid om vandaag een hogere prijs te betalen voor aandelen door het vooruitzicht op groeiende winsten.

Aan de andere kant kunnen stijgende koersen consumenten ook aanzetten om meer uit te geven. Beeld je in dat je een bepaald kapitaal wil opbouwen voor je pensioen. Je hebt een portefeuille aandelen gekocht. Wanneer de prijs van je aandelen stijgt, moet je niet meer zoveel van je inkomen sparen om je spaardoelstelling te bereiken. Wanneer mensen zich rijker voelen, laten ze hun geld sneller rollen. Dit fenomeen wordt het welvaartseffect genoemd. Zo stimuleren hogere beurzen de totale vraag.

De Amerikaanse economie floreerde in de jaren 1990. In het decennium voor het jaar 2000 verviervoudigde de S&P 500 index. De gemiddelde Amerikaan spaarde 8% van zijn inkomen in 1990. Tien jaar later was dat de helft minder.

Het lijkt geen toeval dat de Amerikaanse aandelen een hoge vlucht namen tijdens de wilde jaren '20. Nieuwe consumentenproducten als radio, film en auto's werden bereikbaar voor grote lagen van de bevolking. De jaren 1920 werden gekenmerkt door een naoorlogs optimisme en een snelgroeiende economie.

De crash van Zwarte Donderdag 24 oktober 1929 bracht een abrupt einde aan de economische uitbundigheid. De Dow Jones zou 89%

van haar waarde verliezen tussen de top in 1929 en het absolute dieptepunt in 1932. De Grote Depressie die volgde op de wilde jaren '20 was een tijd van ontbering en werkloosheid. Mensen bezuinigden op hun uitgaven nadat de beurscrash hun rijkdom had weggevaagd.

Uit de bespreking van de geldstroommatrix werd duidelijk dat niet iedereen op hetzelfde moment geld kan sparen. Het is echter logisch dat mensen geld proberen te sparen in plaats van in aandelen te beleggen nadat ze een instorting van de beurzen hebben meegemaakt. Aangezien aandelen in tegenstelling tot geld geen vaste nominale waarde hebben, valt onmogelijk te voorspellen hoe diep de aandelenprijzen kunnen vallen.

Een zeepbel op de Japanse aandelenbeurzen piekte tijdens de laatste dagen van 1989. Sinds die tijd zit de Japanse economie in een fase van lage groei. Zelfs nu nog, meer dan een kwart eeuw later, is de Nikkei index nooit meer hersteld tot het niveau van 39.000 punten dat gehaald werd in 1989. In december 2016 noteerde de Nikkei op zowat de helft van haar historische topwaarde.

Vastgoed

Stijgende vastgoedprijzen stimuleren de bouw van meer woningen en bedrijfsgebouwen. Zolang de prijzen omhoog gaan, boeken investeerders en speculanten mooie winsten.

Het bouwen van vastgoed hoort bij de investeringen in de formule van het bruto binnenlands product. Een bouwhausse doet dus het bbp stijgen. Het geld dat geleend wordt om nieuwe gebouwen te financieren stroomt door de economie.

Er wordt een gunstige cyclus in gang gezet. Een hogere vraag creëert kansen voor ondernemers. Bedrijven nemen meer personeel aan. Door de bijkomende tewerkstelling groeit de vraag naar kantoorgebouwen. Jonge werknemers kunnen een eigen stek huren of kopen. Al deze economische bedrijvigheid zorgt voor meer belastinginkomsten.

De bouwwoede kan dus uit zichzelf extra vraag naar huizen, appartementen, magazijnen en andere soorten vastgoed genereren.

Deze positieve dynamiek kan echter niet blijven duren. Op een bepaald moment is de vraag naar vastgoed verzadigd. Nieuwe kantoren en winkels blijven leegstaan. Nieuwbouwwoningen raken niet verkocht. De grote voorraad onverkocht onroerend goed drukt de prijzen. De prikkel om nog meer te bouwen verdwijnt. Metselaars, schrijnwerkers en dakwerkers verliezen hun baan. Bestellingen voor bouwmaterialen drogen op. De hausse wordt een baisse.

Tijdens het eerste decennium van de 21ste eeuw was de Amerikaanse economie in de greep van de krachten die hierboven beschreven werden. De huizenprijzen verdubbelden in steden als Las Vegas en Miami. Bankiers verstrekten gretig krediet, vol zelfvertrouwen door de stijgende waarde van het onderpand dat hun hypotheken dekte. Zelfs leners met een lage kredietscore kregen NINJA-leningen, een acroniem voor "no income, no job or assets" (geen inkomen, geen job of activa).

Het feestje bleef niet duren. De huizenprijzen piekten in 2006 en zakten tijdens de daaropvolgende jaren. De terugval resulteerde in werkloosheid voor velen die actief waren in de vastgoedsector (bouwvakkers, makelaars...). De hypotheken die de vastgoedgekte gefinancierd hadden waren intussen verspreid doorheen het (schaduw)bankensysteem. Op die manier zou de Amerikaanse huizenzeepbel de wereldeconomie besmetten.

De koortsachtige bouw van nieuwe activa aangedreven door speculanten zou vorige generaties bekend in de oren geklonken hebben. Het is overigens niet enkel de constructie van huisvesting die het bbp kan aanvuren. Transportinfrastructuur is een andere ideale kandidaat om een goed investeringsverhaal rond op te hangen. Tijdens de jaren 1790 was het financieren van scheepskanalen in de mode bij Britse investeerders. Een halve eeuw later waren hun opvolgers bezeten door spoorwegen. De zeepbel op de beurzen tijdens deze periode staat bekend als de Railway Mania.

Economische stimulans

Een depressieve economie doen herleven

Beeld je in dat de economie onder haar potentieel draait. Werkzoekenden vinden geen jobs. Fabrieken draaien aan een lager tempo dan gewoonlijk. De vraag naar nieuwe auto's en huizen droogt op. Bedrijven stellen investeringen uit. Iedereen zou beter af zijn mocht de totale vraag hoger liggen.

Tijdens de Grote Depressie kelderde de industriële productie in de V.S. en in Duitsland met meer dan veertig procent ten opzichte van het hoogtepunt in 1929. [163] De werkloosheid rees de pan uit. In Amerika maakten de economische moeilijkheden de weg vrij voor de New Deal van president Franklin Roosevelt. De crisis speelde ook in de kaart van Hitlers Nationaalsocialistische Duitse Arbeiderspartij.

In 2008 was er de bankencrisis en crashten de beurzen. De wereldeconomie belandde in een recessie. Als reactie op de zwakke vraag uit de V.S. en Europa ontsloegen Chinese exporteurs miljoenen werknemers. [164] Het Amerikaanse werkloosheidspercentage steeg boven de tien procent in 2009. Dat niveau was al sedert 1983 niet meer zo hoog geweest. [165] In 2013, jaren nadat de crisis begon, zat 26% van de Spaanse beroepsbevolking zonder werk. [166]

Dit hoofdstuk onderzoekt welke maatregelen de overheid kan nemen om de economie weer op het juiste spoor te zetten. Gemakshalve zullen we overheid als één monolithisch blok beschouwen. In realiteit is de verantwoordelijkheid over belastingontvangsten en uitgaven verdeeld over een aantal niveaus (gemeenten, provincies, federaal...).

Fiscale stimulansen

Vorige hoofdstukken toonden aan hoe een collectief verlangen om te sparen of om schulden af te betalen de nominale totale vraag naar beneden haalt.

De overheid is een belangrijke speler in de economie. In de V.S. bedragen de uitgaven van de federale overheid zo'n twintig procent van het bruto binnenlands product. [167] In de Europese Unie zijn alle overheidsuitgaven samen (inclusief transferbetalingen) goed voor bijna de helft van het bbp. [168]

Wanneer de overheid haar budget in evenwicht houdt, onttrekt ze evenveel geld uit de privésector als ze uitgeeft aan de privésector.

Stel dat de totale uitgaven van de privésector zakken. Aangezien de uitgaven van één persoon de inkomsten zijn van iemand anders, zullen de totale inkomsten ook dalen. Overheidsinkomsten zijn vaak evenredig met transacties tussen entiteiten in de private sector. Belasting over de toegevoegde waarde (btw) en de inkomstenbelasting zijn hier voorbeelden van.

Hoe kan de overheid haar uitgaven in overeenstemming brengen met haar inkomsten wanneer de private uitgaven dalen? Ofwel moeten de belastingen omhoog, ofwel moet er gesneden worden in de overheidsuitgaven.

De overheidsfinanciën moeten echter niet passief reageren op de ups en downs van de privésector. Door het tekort op de begroting te laten oplopen, kan de overheid de economie stimuleren. Met lagere belastingen of hogere uitgaven (of allebei) kunnen de fiscale autoriteiten een netto geldstroom van de publieke sector naar de private sector teweegbrengen.

De extra overheidsuitgaven ten opzichte van 'business as usual' worden fiscale stimulans of stimulus genoemd. Idealiter zet de stimulans huishoudens en bedrijven er toe aan om meer te investeren en te consumeren. Dankzij een tijdelijk zetje van de staat kan de economie uit haar inzinking ontsnappen.

Kort na zijn inauguratie tekende president Obama de American Recovery and Reinvestment Act (ARRA). [169] Het ARRA stimuluspakket van 700 miljard dollar moest de recessie bekampen die in 2008 gestart was.

Het is overigens niet zo dat er voor elke fiscale stimulans nieuwe wetgeving nodig is. Welvaartsstaten betalen werkloosheidsuitkeringen aan werknemers die hun baan verliezen. Dergelijke 'automatische stabilisatoren' fungeren als schokdempers die economische klappen milderen.

Het multipliereffect

Laten we deze kwalitatieve ideeën illustreren met een concreet numeriek voorbeeld. Figuur 32 toont de geldstroommatrix van de economie in een eerste periode. Je kan het totale inkomen van de privésector (18€ + 6€ = 24€) beschouwen als een benadering van het bbp. Overheidsuitgaven zijn goed voor 25% van het bbp. De uitgaven van de staat worden gefinancierd door belastingen die één derde bedragen van de onderlinge uitgaven tussen privéspelers.

	Privé	Overheid
Privé	18	6
Overheid	6	0

Figuur *32*: Geldstroommatrix met een privé- en een overheidssector tijdens de eerste periode.

In de tweede periode vermindert de privésector haar uitgaven tot 12€. De belastingen en overheidsuitgaven vallen ook met een derde terug. Figuur 33 toont de overeenkomstige geldstroommatrix. Het totale inkomen van de privésector (18€) ligt een derde lager dan in de eerste periode.

	Privé	Overheid
Privé	12	4
Overheid	4	0

Figuur *33*: Een reductie in de private en publieke uitgaven vermindert de totale privéinkomsten tot 16€ in de tweede periode.

De economie zit duidelijk in een dip tijdens de tweede periode. De regering beslist om tijdens de volgende periode een fiscale stimulus toe te dienen. Het planbureau voorspelt dat de geldstroommatrix voor de derde periode gelijk zal zijn als die in de tweede periode als er niets gedaan wordt. Maar er wordt niet niets gedaan. De regering geeft acht euro extra uit, bovenop de 4€ die ze sowieso ging spenderen.

Wat is het totale inkomen van de privésector (onze benadering voor het bbp) dan in de derde periode? In eerste instantie zouden we simpelweg de verwachte inkomsten komende van de privésector (12€) kunnen optellen bij de normale overheidsuitgaven uit belastingen (4€) plus de fiscale stimulus (8€). De extra overheidsuitgaven zullen echter ook een impact hebben op de uitgavenbeslissingen van de private sector.

Als mensen door de stimulus meer vertrouwen krijgen in hun financiële vooruitzichten, zullen ze waarschijnlijk meer consumeren en uitgeven. De stimulus wordt met andere woorden versterkt (vermenigvuldigd) door de reactie van de privésector. Figuur 34 toont de details in een geldstroommatrix.

	Privé	Overheid
Privé	$12 + (m - 1)x8$	$[12 + (m - 1)x8]/3$
Overheid	$4 + 8$	0

Figuur *34*: In de derde periode spendeert de overheid 12€ aan de private sector (4€ gewone uitgaven plus 8€ fiscale stimulus). De multiplier m beschrijft het effect van de stimulus op de uitgaven van de private sector. We gaan er van uit dat de belastingen één derde van de private uitgaven bedragen.

Als de multiplier (in het Nederlands: vermenigvuldiger) m gelijk is aan één, dan heeft de stimulus geen effect op de private uitgaven. De economie groeit met exact het bedrag van de fiscale stimulus boven het basisscenario.

Het is echter aannemelijk dat de private spelers geneigd zullen zijn om meer geld uit te geven. Hun gezamenlijke inkomen stijgt immers. Consumenten kopen meer, bedrijven investeren in nieuwe machines en gebouwen. In dat geval is m groter dan één.

Het probleem met counterfactuals

Op dit moment zou een kritische lezer bezwaren kunnen maken tegen de bovenstaande uiteenzetting. Hoe weten we wat er zou gebeuren wanneer er geen stimulus toegepast wordt? Natuurlijk heb je volledig gelijk, beste lezer.

Heel de discussie hangt af van een aanname over de uitgaven van de privésector. Misschien zouden bedrijven en gezinnen ook zonder stimulus hun uitgaven opgetrokken hebben in de derde periode. In dat geval is de economie 'zelfherstellend'. Overheidsingrijpen zou dan niet nodig zijn.

Het zou ook kunnen dat de multiplier dicht bij één ligt, maar dat de stimulus de private sector er van kon overtuigen om niet nog meer te sparen dan ze al deed in de tweede periode. Zonder fiscale stimulus zou de totale vraag nog verder de dieperik ingegaan zijn.

Economen kunnen de multiplier berekenen op basis van historische perioden waarin een fiscale stimulans werd toegediend. De waarden van de multiplier die men zo bekomt moeten echter met zorg geïnterpreteerd worden. Zoals we reeds zagen hangt de multiplier af van het modelscenario zonder stimulus.

Het is overigens ook zo dat mensen hun (uitgaven)gedrag beïnvloed wordt door een heleboel factoren, zoals bijvoorbeeld hun schulden, vermogen, leeftijd en toekomstverwachtingen. Dat betekent dat de multiplier zal variëren volgens de economische omstandigheden.

De impact op het bruto binnenlands product zal ook afhangen van de vorm van de stimulus. In bovenstaand voorbeeld rekenen we de geldstroom van de overheid naar de privésector bij het bbp. Dat is terecht wanneer het geld gespendeerd wordt aan zaken als infrastructuurwerken of de lonen voor bijkomende leerkrachten. Maar de stimulus kan ook een overdracht van middelen zijn die niet bij het bbp geteld wordt. Als de stimulus bestaat uit belastingkortingen voor rijke individuen die al het geld sparen, dan zal de multiplier nul zijn. Een fiscale stimulans voor minder vermogende gezinnen die alles uitgeven zal een hogere multiplier hebben.

Wat zijn de langetermijneffecten van de stimulus? Is het sop (een hogere staatsschuld) de kool (een tijdelijke ondersteuning van de economie) waard?

Als de uitgaven van de privésector ook hoog blijven in de periode nadat de stimulus werd toegediend, dan heeft de economie geprofiteerd van de tijdelijke fiscale versoepeling. Het toekomstig bbp zal permanent hoger zijn dankzij de stimulus. Misschien werd het geld geïnvesteerd in betere wegen of beter onderwijs. Of misschien stelde de stimulans mensen in staat meer te sparen, terwijl bedrijven hun capaciteit uitbreidden. De hogere staatschuld wordt gerechtvaardigd door een sterkere economie.

Aan de andere kant kan het ook zo zijn dat de economie krimpt na de stopzetting van de stimulus. De Olympische Spelen kunnen gezien worden als een economische stimulans. [170] De overheidsinvesteringen in stadiums zorgen voor een hausse in de bouwsector. Na de Spelen is het organiserende land echter opgezadeld met een onproductieve sportinfrastructuur en een hoop schulden.

Kwantitatieve versoepeling

"Het probleem met QE is dat het in de praktijk werkt, maar niet in theorie." – Ben Bernanke, voorzitter van de Amerikaanse centrale bank (2006-2014). [171]

Ben Bernanke stond aan het hoofd van de Federal Reserve toen de bankencrisis losbarstte in 2008. Als voormalig economieprofessor had Bernanke jarenlang de Grote Depressie bestudeerd. Hij geloofde dat zijn voorgangers in de jaren 1930 de depressie erger gemaakt hadden door toe te laten dat de geldhoeveelheid (bankdeposito's) kromp. [172]

Gewapend met dit inzicht was de 21ste-eeuwse Fed vastbesloten om dezelfde fout niet te herhalen. Gebaseerd op de – foute, zoals we zagen in Deel I – theorie dat banken reserves uitlenen, ging de Fed over tot meerdere rondes kwantitatieve versoepeling. Kwantitatieve versoepeling, beter bekend als *quantitative easing* (QE), houdt in dat centrale banken financiële activa opkopen. Zo kocht de Fed voor biljoenen dollar aan obligaties en hypotheekleningen op de secondaire markt[16], in de hoop dat kredietverstrekkers nieuwe leningen zouden geven aan consumenten en bedrijven. [173] Als gevolg van de QE programma's stegen de activa (en passiva) van de Fed van minder dan één biljoen dollar in 2007 tot 4,5 biljoen dollar in 2016. [174]

Onder voorzitter Mario Draghi startte de ECB haar eigen versie van QE in het jaar 2015. [175] Eind 2016 had de ECB al anderhalf biljoen euro aan schuldpapier opgekocht. [176]

Maar de onbetwiste QE-kampioen is toch de Japanse centrale bank. Die bezit meer dan 400 biljoen yen (ongeveer 3,5 biljoen dollar) aan Japanse staatsobligaties. Dat bedrag komt overeen met 80 procent van het jaarlijkse bbp van Japan. [177] [178]

Figuur 35 toont de balansen van de centrale bank en van een commerciële bank voor en na QE. In het voorbeeld koopt de centrale bank een obligatie voor 100€.

---

16   In plaats van direct aan de overheid te lenen of hypotheekleningen te verstrekken.

Centrale bank		Commerciële bank	
		100€ (obligatie)	100€ (deposito's)

Centrale bank		Commerciële bank	
100€ (obligatie)	100€ (reserves commerciële bank)	100€ (reserves bij de centrale bank)	100€ (deposito's)

Figuur *35*: De centrale bank koopt een obligatie over van een commerciële bank en betaalt met versgecreëerde reserves.

Hoewel de centrale bank 100€ "bijgedrukt" (correcter: nieuwe reserves bijgemaakt) heeft, maakt dit in eerste benadering geen van de twee partijen rijker. De uitgever van de obligatie moet zijn schuld betalen aan de centrale bank. De nieuwe activa en passiva van de centrale bank houden elkaar in evenwicht. De commerciële bank heeft één actief (de obligatie) geruild voor een ander (reserves).

Zoals we zagen in het hoofdstuk over obligaties, bepaalt de prijs die betaald wordt voor een obligatie de effectieve rente. Door haar aankopen verhoogt de centrale bank de prijs van obligaties. Hierdoor gaan de langetermijnrentes naar beneden. Om de rente op leningen te bepalen, baseren commerciële banken zich namelijk op de interest van risicoloze staatsobligaties met eenzelfde einddatum. Wanneer de rente op hun activa zakt, moeten de banken ook de rente op hun passiva (deposito's) laten dalen om winstgevend te blijven.

QE verlaagt dus de rentelasten op leningen en vermindert de opbrengst van spaarrekeningen. De economen bij de centrale bank hopen dat de lage rentes bedrijven en consumenten ertoe zullen aanzetten om geld uit te geven. Zodoende zou de totale vraag moeten toenemen.

Bovendien maakt een lagere rente de munt minder aantrekkelijk voor valutahandelaren. In theorie zou een zwakkere munt moeten leiden tot meer export en minder import. Dat is goed voor het bbp.

Welke impact heeft QE op de overheidsfinanciën? Lagere rentevoeten verkleinen de financieringskosten van de staatsschuld. Daarnaast vloeien de interesten uit de obligatieportefeuille van de centrale bank terug naar de staatskas. Wanneer de centrale bank overheidsobligaties opkoopt met haar kwantitatieve versoepeling, moet de regering minder belastinginkomsten spenderen aan rente voor private obligatiehouders.

Sommige commentatoren zijn ongerust over de risico's die QE meebrengt voor de centrale bank. Er zijn verschillende scenario's waarin de centrale bank verliezen zou kunnen lijden.

Ten eerste: wanneer de centrale bank een obligatie overkoopt, neemt ze daarmee ook het kredietrisico op zich. Als de uitgever de obligatie niet kan terugbetalen, zakt de waarde van de activa op de balans van de centrale bank.

Ten tweede zouden de obligatieprijzen onder de koers kunnen zakken waaraan de centrale bank ze kocht. Op basis van de marktwaarde boekt de centrale bank dan een verlies.

In een derde scenario slaagt de kwantitatieve versoepeling erin om de totale vraag te stimuleren. Bedrijven kunnen hun prijzen verhogen, waardoor de inflatie stijgt. Een hogere inflatie vermindert de reële waarde van de obligatieportefeuille van de centrale bank.

De centrale bank zou voorts geld kunnen verliezen aan QE wanneer ze rente betaalt op de reserves van commerciële banken. Dat zou de centrale bank bijvoorbeeld kunnen doen om de inflatie te controleren. Als de rente op reserves hoger ligt dan de rente die de centrale bank ontvangt op haar obligatieportefeuille, maakt de instelling verlies.

We mogen echter niet vergeten dat de centrale bank bijzonder is. Centrale banken zijn niet aan dezelfde financiële spelregels onderworpen als gewone banken. Als de centrale bank een verlies maakt, moet ze niet gekapitaliseerd worden om haar rekeninghouders te beschermen. Denk eraan dat de centrale bank in principe zoveel basisgeld kan maken als ze wil. Centrale bankiers hebben een mandaat om de economie te stabiliseren. Ze runnen geen commerciële bank die een zo hoog mogelijke winst nastreeft.

Een centrale bank kan niet failliet gaan als gevolg van schulden die in haar eigen munteenheid uitgedrukt zijn. Ze kan immers altijd het nodige geld bijmaken. Maar het mandaat om de economie te stabiliseren impliceert wel dat QE niet op ieder moment geschikt is als beleidsinstrument. Centrale banken kunnen overgaan tot kwantitatieve versoepeling wanneer de totale vraag lager is dan normaal en de inflatie onder het gewenste peil blijft. Maar wat als de inflatie hoog is? In dat geval zou QE overheden in staat stellen om goed-koop geld te lenen en uit te geven. Bijkomende overheidsuitgaven zouden in die omstandigheden de inflatie verder aanwakkeren. Verantwoordelijke centrale banken mogen dus enkel QE gebruiken in de gepaste macro-economische omgeving.

Helikoptergeld

In 2002 verklaarde Ben Bernanke in een speech dat de Federal Reserve altijd in staat zou zijn om deflatie te voorkomen. Hij gebruikte een gedachtenexperiment van econoom Milton Friedman om die stelling te staven. Veronderstel dat de totale vraag laag is en dat de rentevoeten dicht bij nul procent staan. De centrale bankiers zouden vanuit een helikopter geld kunnen uitstrooien over Amerika. De bevolking zou het gratis geld opvangen en uitgeven. Vandaar de term helikoptergeld.

Helikoptergeld is natuurlijk een metafoor. De centrale bank zou niet letterlijk bankbiljetten uit de lucht droppen. In essentie komt helikoptergeld er op neer dat (1) de centrale bank geld creëert door seigniorage en (2) het geld aan de bevolking gegeven wordt[17].

---

17   Sommigen stellen voor dat de overheid het geld zou uitgeven. Dat komt neer op monetaire financiering, maar het is geen helikoptergeld zoals Friedman het bedoelde. Zie [249] voor een lijst voorstellen waarbij geld gecreëerd wordt door de staat.

Het is nuttig om de impact van helikoptergeld op de balansen van de centrale bank, de commerciële banken en het brede publiek door te denken. Om de zaken zou eenvoudig mogelijk te houden, gebruikt het volgende voorbeeld lege balansen voorafgaand aan het helikoptergeld.

Laten we er van uitgaan dat de centrale bank 100€ drukt. Dat geld wordt aan de bevolking gegeven, zoals getoond in figuur 36.

Centrale bank		Burger	
100 €			

Centrale bank		Burger	
		100 €	

Figuur *36*: De centrale bank drukt een briefje van 100€ en geeft het aan een burger.

De burger is nu 100€ rijker dan daarvoor.

Wat gebeurt er wanneer de burger het bankbiljet deponeert bij een commerciële bank?

Centrale bank		Commerciële bank		Burger	
		100€ (cash)	100€ (rekening burger)	100€ (deposito bij commerciële bank)	
Centrale bank		Commerciële bank		Burger	
100€ (cash)	100€ (reserves commerciële bank)	100€ (reserves bij centrale bank)	100€ (rekening burger)	100€ (deposito bij commerciële bank)	

Figuur *37*: De burger deponeert de 'helikoptercash' bij een commerciële bank. Die laatste ruilt de cash in voor reserves bij de centrale bank.

Zoals figuur 37 toont, is er in wezen niets veranderd. De burger heeft 100€ op zijn bankrekening. De commerciële bank ruilt het biljet voor reserves bij de centrale bank. De activa en passiva van zowel de centrale als de commerciële bank heffen elkaar op. Enkel de burger heeft netto geld bijgekregen.

Maar wat als alle geld elektronisch is? Dan kan de centrale bank geen papiergeld drukken. Dat betekent echter niet dat de centrale bank niet langer aan seigniorage kan doen. De centrale bank hoeft enkel maar de opdracht geven aan de commerciële bank om 100€ op de rekening van de burger bij te schrijven. In ruil ontvangt de commerciële bank 100€ reserves van de centrale bank. De centrale bank kan symbolisch 100€ toevoegen aan haar activa. Daarmee geeft ze aan dat ze geen verlies geleden heeft als gevolg van de transactie (zie figuur 38).

Centrale bank		Commerciële bank		Burger	
100€ (seigniorage)	100€ (reserves commerciële bank)	100€ (reserves bij centrale bank)	100€ (rekening burger)	100€ (deposito bij commerciële bank)	

Figuur *38*: Helikoptergeld in een wereld zonder cash. De centrale bank voegt een virtueel actief toe aan haar activa wanneer ze nieuwe reserves creëert.

Helikoptergeld resulteert niet in een schuld voor de centrale bank. Het nieuw gecreëerde geld moet nooit terugbetaald worden. Enkel wanneer een centrale bank rente betaald op de reserves die commerciële banken aanhouden, zijn deze rentebetalingen een verplichting die voortvloeit uit de creatie van helikoptergeld. [179]

Helikoptergeld vergroot ook de staatschuld niet. In tegenstelling tot QE zal de balans van de centrale bank permanent hoger blijven door het helikoptergeld. Een centrale bank die obligaties koopt onder een QE programma kan die later verkopen om de hoeveelheid reserves te verminderen. In het geval van helikoptergeld heeft de centrale bank geen middelen om het basisgeld terug te nemen van de privésector.

Sommige economen twijfelen eraan dat helikoptergeld de totale vraag zou stimuleren. Andere experts zijn er dan weer zeker van dat het altijd werkt. [180] De sceptici claimen dat mensen het geld wel eens zouden kunnen oppotten, omdat ze er van uitgaan dat de belastingen later zullen stijgen om de centrale bank te herkapitaliseren. Maar zoals we gezien hebben lijdt de centrale bank geen verlies. Er is dan ook geen behoefte aan extra kapitaal.

Het is hoogst onrealistisch om te veronderstellen dat de mensen het 'gratis geld' niet zouden uitgeven. Dat idee leeft enkel in de verbeelding van bepaalde economen. Een studie door de bank ING toonde aan dat een kwart van de Europeanen het meeste van hun helikoptergeld zou uitgeven. Anderen zouden een deel uitgeven en de rest sparen. Nog anderen zeiden dat ze het cadeautje van de ECB zouden gebruiken om schulden af te lossen. [181]

Slaven van een achterhaalde econoom

"De ideeën van economen en politieke filosofen, zowel wanneer ze juist zijn als wanneer ze fout zijn, zijn krachtiger dan algemeen begrepen wordt. Inderdaad, de wereld wordt door niet veel anders geregeerd. Praktisch ingestelde mensen, die geloven dat ze vrij zijn van enige intellectuele invloed, zijn gewoonlijk de slaven van één of andere achterhaalde econoom. Gekke bewindvoerders, die stemmen in de lucht horen, halen hun waanzin bij een academische krabbelaar van enkele jaren voordien." – John Maynard Keynes, befaamd econoom [182]

De nieuwe kleren van de keizer

In 2003 schreef Nobelprijswinnaar economie Robert Lucas dat de macro-economische wetenschap "geslaagd is. Haar centrale vraagstuk van het voorkomen van een depressie is in de praktijk opgelost, en het is in feite al vele decennia opgelost." [183]

Olivier Blanchard, een professor aan de MIT universiteit, verklaarde in 2008 dat de macro-economische wetenschap in een goede staat verkeerde. [184] Een jaar voor de financiële crisis losbarstte met de val van Lehman Brothers zei Fed-voorzitter Ben Bernanke dat de impact van slechte woningkredieten beperkt zou blijven. [185] Het economisch establishment feliciteerde zichzelf voor de Grote Moderatie, een periode waarin de conjunctuur veel minder volatiel geworden was dan in het verleden.

De crash van 2008 en haar gevolgen sloegen het triomfantelijk imago van de (macro-)economische wetenschap aan diggelen. Het vakgebied was besmeurd doordat het de ergste financiële ramp in generaties niet had zien aankomen. Toen puntje bij paaltje kwam, blijk macro-economie een naakte keizer te zijn. De grootse verwezenlijkingen van 'macro' waren even denkbeeldig als de nieuwe kleren in het sprookje.

Daar moet wel bij verteld worden dat enkele economen wel degelijk voorspeld hadden dat er een economische crisis aan het broeden was. Nouriel Roubini (bijgenaamd *Dr. Doem*) en Raghuram Rajan werden berucht omdat ze vooraf gewaarschuwd hadden dat het financieel systeem veel risicovoller was dan algemeen werd aangenomen. William White en Claudio Borio, twee economen bij de Bank voor Internationale Betalingen, hadden ook alarm geslagen over het gevaar dat onder het oppervlak van de Grote Moderatie op de loer lag. [186]

Maar de kakofonie van opinies verkondigd door professionele economen legt diepe problemen van de economische wetenschap bloot. In gebieden als de fysica hebben onderzoekers onveranderlijke natuurwetten ontdekt. Met behulp van de klassieke mechanica kunnen astronomen zeer nauwkeurig de beweging van de planeten berekenen.

In de economie liggen de kaarten helemaal anders. Mensen zijn geen robots die een vaste verzameling regels volgen. Wetenschappers hebben het voordeel dat ze in het laboratorium experimenten onder gecontroleerde omstandigheden kunnen uitvoeren. Macro-economen moeten hun theorieën te bouwen op basis van historische waarnemingen. Bovendien is er geen enkele theorie die de volledige complexiteit van de echte wereld in rekening brengt. Modelbouwers moeten zich beperken tot een eindig aantal variabelen en benaderingen. Daardoor kan het dat essentiële eigenschappen van de economische werkelijkheid niet in het model zitten. Voor de financiële crisis waren veel economen zich bijvoorbeeld niet bewust van het schaduwbankensysteem.

Dit alles zorgt ervoor dat je gemakkelijk economen kan vinden die het fundamenteel oneens zijn over elementaire vragen.

Het citaat van Keynes aan het begin van dit hoofdstuk legt uit waarom deze situatie zo problematisch is. De ideeën van economen verspreiden zich onder beleidsmakers en de bevolking in de vorm van slogans en simpele verhaaltjes. Economen bevolken invloedrijke instellingen zoals de centrale banken en het Internationaal Monetair Fonds. De *gekke bewindvoerders* kunnen meer kwaad doen dan goed wanneer ze vol zelfvertrouwen oplossingen opleggen die gebaseerd zijn op een verkeerde analyse van het probleem.

Kwantitatieve versoepeling en het inflatiespook

In 2010 publiceerde de financieel geschiedkundige Niall Ferguson een open brief om Ben Bernanke te waarschuwen. Kwantitatieve versoepeling zou kunnen leiden tot inflatie en muntontwaarding. [187] Ferguson bepleitte samen met enkele vermogensbeheerders en collega-professoren economische hervormingen om de economie te versterken. De ondertekenaars van de brief veroordeelden het onconventionele geldbeleid van de centrale bank.

Tal van commentatoren vergeleken het 'geld bijdrukken' van het QE-programma met de hyperinflatie tijdens de Weimarrepubliek. [188] [189]

De jaren na het verschijnen van de open brief aan Bernanke bewezen dat de angst van de schrijvers ongegrond was. Van begin 2010 tot eind 2016 stegen de consumentenprijzen in de VS met 12%. [190] Dat komt neer op een gemiddelde jaarlijkse inflatie van 1,6%. De inflatie was dus zelfs lager dan de 2% die de Fed nastreeft. In dezelfde tijdsspanne verdubbelde de balans van de Fed bijna. De activa van de Amerikaanse centrale bank stegen van 2,3 biljoen dollar in 2010 tot 4,5 biljoen dollar in 2016. [191] Eind 2016 stond de dollar op het hoogste peil ten opzichte van andere munten sinds 2003. [192]

Geobsedeerd door staatsschuld

De media overgoten de financiële problemen van Griekenland met een moraal sausje. De Griekse overheid had boven haar stand geleefd. Nu moest ze daar de gevolgen van dragen. Ieder kind dat de fabel van de krekel en de mier kent zou dit wel begrijpen.

Overal in Europa en de VS vertelden politici aan hun kiezers dat er moest gesnoeid worden in de overheidsuitgaven. Zo niet, dan zou hun land hetzelfde lot ondergaan als Griekenland. Deze doctrine van bezuinigingen werd in het Engels *austerity* genoemd.

Economen als Paul Krugman wezen er op dat periodes met een lage totale vraag niet het geschikte moment waren om de overheidsuitgaven te verminderen. [193] Daarop reageerden tegenstanders met het intuïtief klinkende antwoord dat je "geen schuldencrisis kan oplossen met meer schulden". [194]

Beleidsmakers die bezuinigingen voorstonden, vonden intellectuele steun in het artikel *Growth in a Time of Debt* van de economen Carmen Reinhart en Kenneth Rogoff. Deze auteurs beweerden dat een hoge staatsschuld – meer dan 90% van het bbp – een negatief effect had op de economische groei. Later kwam aan het licht dat Reinhart en Rogoff een Excelfout gemaakt hadden. Een correcte analyse van de data ondermijnde hun stelling. [195] Tegen die tijd had de Britse regering echter al bezuinigd op de overheidsdiensten.

Het werk van Alberto Alesina en Silvia Ardagna, economen werkzaam aan de Harvard-universiteit, werd aangehaald om belastingverminderingen te bepleiten. Dat zou de economie namelijk meer stimuleren dan verhoogde overheidsuitgaven. Hetzelfde artikel beval bezuinigingen aan om de verhouding van de staatsschuld tot het bbp naar beneden te krijgen. [196]

Modellen zonder geld

Naar aanleiding van de crisis zijn verschillende prominente macro-economen gaan nadenken over hun vakgebied. [197] Een thema dat vaak terugkeert is het feit dat modellen gebouwd zijn op onrealistische veronderstellingen. [198]

Dynamic stochastic general equilibrium (DSGE) modellen zijn de werkpaarden van de macro-economische wetenschap. Deze modellen worden gebruikt om de impact van bepaalde schokken op de economie door te rekenen. Hoe vreemd het ook moge klinken, houden de DSGE modellen geen rekening met geld! Het financieel systeem wordt weggeabstraheerd, alsof de economie op ruilhandel drijft.

Onderzoekers zoals Olivier Blanchard blijven erbij dat alles bij het oude kan blijven. OK, er moeten een paar toeters en bellen aan de modellen toegevoegd worden. Maar volgens deze school is DSGE de enige juiste manier om inzicht in de economie als geheel te verwerven. [199]

Andere economen zijn dan weer voorstander van een radicaal andere aanpak. 'Protestanten' zoals Steve Keen verwerpen de orthodoxe *mainstream*. Ze willen de traditionele methodes vervangen door heterodoxe economie. Het werk van Keen maakt deel uit van een stroming waarin geld en schuld centraal staan in het begrijpen van de economie. [200]

DEEL VI | Politieke economie

De economie runnen of ruïneren?

De beschrijving van de financiële economie in Deel V zou de indruk kunnen wekken dat het eenvoudig is om de economie te runnen. Gewoon een paar geldstromen bijsturen en *voilà*: economische voorspoed. Het is natuurlijk niet zo simpel. Geld heeft waarde omdat mensen het kunnen inwisselen voor goederen en diensten.

Economen debatteren al over de vraag waarom sommige landen rijk zijn en andere arm sinds de publicatie van Adam Smith's boek *The Wealth of Nations* in 1776. Het is duidelijk dat de politiek een belangrijke rol speelt in het mogelijk maken van economische ontwikkeling. Toen Mao Zedong overleed, in 1976, had China een bbp per capita van 165$. Als gevolg van de hervormingen gestart onder Mao's opvolger Deng Xiaoping was dat bedrag gestegen tot 8000$ in 2015. [201]

Politici hebben ook een enorme impact op de financiële economie. Regeringen beslissen wie belastingen moet betalen en waaraan de belastinginkomsten uitgegeven worden. Politieke macht en de reactie van de markt kan resulteren in financiële stabiliteit of monetaire chaos.

Landen als de Verenigde Staten en Zwitserland hebben instellingen die hun geldzaken goed beheren. Andere landen lijken dan weer een talent te hebben om hun economie te gronde te richten.

Neem bijvoorbeeld Venezuela. De socialistische partij nationaliseerde er bedrijven. Stemmen van de armen werden 'gekocht' door middel van subsidies. De staat vertrouwde hoofdzakelijk op de olie-uitvoer om de begroting rond te krijgen. Dit kon blijven duren tot 2014, toen de prijs van ruwe olie scherp zakte. De Venezolaanse regering moest geld drukken om haar uitgaven te financieren. Hyperinflatie was het voorspelbare resultaat. Er waren tekorten van allerlei consumptiegoederen, zelfs van toiletpapier. [202]

De financiële perikelen waarin Venezuela zich sinds 2015 bevindt waren niet onverwacht. Het land was immers al tien keer failliet gegaan. [203] In 1902 moesten buitenlandse obligatiehouders zelfs kanonneerboten naar de hoofdstad Caracas sturen om hun eis dat de regering haar schulden zou afbetalen kracht bij te zetten.

De hoofdstukken onder Deel VI tonen aan dat macro-economische financiële beslissingen niet genomen worden door verlichte technocraten die los staan van de politiek. Wat er in de echte wereld gebeurt is het resultaat van tegenstrijdige belangen en macht.

Eerst bekijken we de staatsschuld van naderbij. Nationale schulden leiden vaak tot politieke onrust. Dat kan zijn omdat er hoge belastingen nodig zijn om de schuld te dragen, of door de gevolgen van een staatsbankroet. Zo'n faillissement betekent een ramp voor banken met een grote portefeuille overheidsobligaties.

Vervolgens komt het optreden van de uitvoerende macht tijdens financiële noodsituaties aan bod. Ministers kunnen verdere onstabiliteit op de markt voorkomen door banken te redden. Maar dergelijke beslissingen zijn doorgaans niet populair bij de kiezers.

Politici geven de omgeving waarin banken en bedrijven opereren vorm. De eurolanden kozen ervoor om één gemeenschappelijke munt te gebruiken. Het delen van eenzelfde munt in een divers continent maakte niet alleen de handel gemakkelijker, het had ook onbedoelde negatieve gevolgen.

Veel landen hebben hun monetair beleid uitbesteed aan de centrale bank. Daardoor zijn de politieke spanningen echter niet verdwenen. De keuzes van centrale bankiers creëren winnaars en verliezers. Door hun onconventioneel monetair beleid kwamen de centrale banken onder vuur te liggen.

Staatsschuld en –bankroet

Regeringen zijn niet immuun voor faillissementen. Landen hebben expliciete schulden in de vorm van leningen en van de obligaties die ze uitgegeven hebben. Maar ze hebben ook financiële verplichtingen tegenover ambtenaren, politieagenten, het leger, gepensioneerden en andere steuntrekkers.

Wanneer de uitgaven van de regering hoger zijn dan wat ze kan belasten en lenen, zal de overheid op den duur zonder geld vallen. Er zijn twee belangrijke aspecten die we moeten bekijken wanneer we analyseren hoe het staatsbankroet zal verlopen. Ten eerste: heeft de regering controle over de munt waarin de verplichtingen uitgedrukt zijn? Ten tweede hangt het er van af hoeveel politieke invloed de personen die geld van de staat moeten krijgen, hebben.

De politieke en financiële problemen ten gevolge van onbetaalde staatsschulden kunnen best geïllustreerd worden aan de hand van enkele voorbeelden.

De Spaanse koning Filips II, die regeerde van 1556 tot 1598, betaalde zijn schulden maar liefst vier keer niet. Geschiedkundigen gaven hem de bijnaam *'the borrower from hell'* voor zijn reeks faillissementen. [204] Filips gaf zoveel geld uit aan godsdienstoorlogen, dat zelfs al het goud en zilver uit Amerika niet volstond om de rekeningen te doen kloppen.

Na het bankroet van de Kroon in 1575 kreeg het Spaanse Leger van Vlaanderen geen soldij meer. Filips had deze troepen ingezet om de protestantse rebellie in de Lage Landen te bestrijden. De ontevreden soldaten die het beu waren niet betaald te worden, sloegen aan het muiten. Tijdens de 'Spaanse Furie' plunderden ze de stad Antwerpen en vermoordden ze duizenden inwoners. Dit versterkte de vastberadenheid van de opstandelingen nog meer.

Vanaf de Krimoorlog (1853-1856) leende het Ottomaanse Rijk grote sommen geld van Europese investeerders. Het ministerie van financiën was echter niet bekwaam om met deze leningen om te gaan. De schuld van het Rijk groeide als een sneeuwbal. In 1875 konden de Ottomanen niet meer aan hun verplichtingen voldoen. Zes jaar later werd een decreet ondertekend waarin stond dat de schulden van de Sultan verminderd zouden worden van 191 miljoen pond naar

106 miljoen pond. Afzonderlijke leningen werden gebundeld zodat de uitleners obligatiehouders werden. Tegelijk gingen de Turken ermee akkoord dat een aantal belasting- en douane-inkomsten voorbehouden zouden worden om de obligatiehouders te betalen. Daardoor verminderden de ontvangsten voor de regering in Istanboel. Er werd een nieuwe onafhankelijke instantie opgericht: de *Ottoman Public Debt Administratie* (OPDA, de Ottomaanse Administratie voor de Openbare Schuld). De Europese leidinggevenden van de OPDA moesten er op toezien dat de schulden afgelost werden. [205] [206]

Duitsland wordt vandaag de dag gezien als toonbeeld van kredietwaardigheid. Nochtans heeft het land niet altijd zo'n puike financiële reputatie gehad. Na de Eerste Wereldoorlog legden de Westerse geallieerden zware herstelbetalingen op aan Duitsland in het Verdrag van Versailles (1919). De schuld moest betaald worden in goudmark. Bovenop de schuld aan de overwinnaars, had het voormalige *Kaiserreich* ook nog grote binnenlandse schulden. Duitse spaarders hadden immers grote hoeveelheden obligaties gekocht om de oorlog mee te financieren.

Toen de Weimarrepubliek zich niet hield aan het tijdsschema van de buitenlandse schuldbetalingen, bezetten Frankrijk en België het industriële Ruhrgebied (1923). De Frans-Belgische troepen vorderden steenkool en andere waardevolle producten op. De Duitse regering verzette zich tegen de interventie door stakers te betalen met geld geprint door de *Reichsbank*. Zoals we eerder reeds zagen, volgde hierop de beruchte hyperinflatie.

Hoewel Duitsland niet officieel in gebreke bleef bij de betaling van haar binnenlandse schulden, zorgde de inflatie ervoor dat de reële waarde van obligaties in rook opging. De obligaties hadden immers een vaste prijs uitgedrukt in Mark, maar de Mark werd in ijltempo minder waard. Het spaargeld van de middenklasse werd uitgevaagd. De vraag naar harde valuta was een gouden opportuniteit voor buitenlanders met francs of dollars. Zwendelaars en speculanten werden rijk, wat inging tegen de traditionele Pruisische waarden. Voorzichtige ambtenaren die zich keurig aan de oude regels hielden, leden verlies. Deze situatie droeg bij aan de nationalistische wrok tegen het democratische regime.

Argentinië ging in 2001 bankroet op een schuld van 100 miljard dollar. In 2012 beval een rechtbank de inbeslagname van een Argentijns marineschip dat aangemeerd lag in Ghana. [207] Hefboomfondsen die onbetaalde Argentijnse obligaties bezaten hadden dat gevraagd. Ze hoopten zo het Zuid-Amerikaanse land te dwingen haar financiële beloften na te komen. Rusland ging in wanbetaling op haar schulden in 1998. Het land sleurde daardoor het LTCM fonds[18] de dieperik in. Een te beperkt vermogen om belasting te heffen, in combinatie met een zwakke economie en het drukken van geld, heeft in verschillende landen tot hyperinflatie geleid. Voorbeelden van dit fenomeen zijn onder meer Hongarije (1946), Rusland (1992-1993), Joegoslavië (1994) en Zimbabwe (2000-2009). [208]

Al deze verhalen hebben enkele zaken gemeen. Wanbetalingen ondermijnen het gezag van de heersende klasse. Functionarissen misbruiken hun machtspositie om hun inkomen aan te vullen via corruptie of erger. Machtige buitenlandse schuldeisers slagen er vaak in hun centen terug te krijgen. Dat tast verder de soevereiniteit van het failliete land aan. Politiek zwakke binnenlandse spaarders horen bij de verliezers van een staatsbanksroet. Ook mensen die rekenen op de overheid voor diensten of een inkomen (bijvoorbeeld gepensioneerden) komen er bekaaid vanaf.

Toen de internationale financiële orde hertekend werd in 1944, richtte men het Internationaal Monetair Fonds (IMF) op. Het IMF moest regeringen bijstaan die het risico liepen failliet te gaan. In ruil voor haar steun eist het IMF dat de overheid structurele hervormingen doorvoert. Dat houdt meestal in dat staatseigendommen geprivatiseerd worden, terwijl de overheidsuitgaven omlaag moeten en de belastingen omhoog.

Laat het evenwel duidelijk zijn dat niet failliet gaan ook geen wondermiddel is. Neem het geval van Roemenië in de jaren 1980. Dictator Nicolae Ceauşescu besliste om de schulden van zijn land aan westerse banken terug te betalen. Na een deal met het IMF legde Ceauşescu draconische bezuinigingen op aan de Roemeense bevolking. Zelfs voedsel werd gerantsoeneerd. [209] Dankzij de ontberingen die het volk moest ondergaan, slaagde Roemenië erin zich te bevrijden van de buitenlandse schulden. Ceauşescu zou echter niet beloond worden voor deze prestatie. Toen de communistische regimes van Oost-Europa omvielen, was hij de enige dictator die geëxecuteerd werd. Het is moeilijk om geen verband te zien met de besparingen van de voorgaande jaren.

---

18   We kwamen LTCM eerder al tegen in het hoofdstuk over hefbomen.

De vertrouwde dynamiek rond staatsschulden speelde zich ook af tijdens de recente Griekse perikelen. Griekenland heeft een lange geschiedenis van financieel wangedrag. Sedert de onafhankelijkheid in 1832 is het land bijna de helft van de tijd bankroet geweest. [210] Als lid van de eurozone kan Griekenland haar schulden niet oplossen door middel van inflatie. Europese leiders stonden erop dat het land – minstens ten dele – haar obligaties in het bezit van buitenlandse banken zou terugbetalen. De Griekse pensioenen werden verlaagd. Invloedrijke belangengroepen, zoals de reders en de Kerk, slaagden erin om hogere belastingen tegen te houden.

Er zijn volop historische voorbeelden te vinden waarbij overheidsschulden leiden tot een rampzalig bankroet of inflatie. Nochtans zijn dit niet de enige mogelijke uitkomsten. Na de Napoleontische oorlogen bedroeg de schuld van het Verenigd Koninkrijk meer dan 250% van het bruto binnenlands product. [211] Toch vervulde de Britse schatkist haar verplichtingen aan de obligatiehouders. Op het einde van de Tweede Wereldoorlog piekte de overheidsschuld van de Verenigde Staten op 112% van het bbp. [212] Net zoals het VK na 1815, slaagde de VS erin om de verhouding van de schuld tot het bbp zonder grote financiële schokken naar beneden te krijgen.

Redden of niet?

"Liquideer jobs, liquideer aandelen, liquideer de boeren, liquideer vastgoed... het zal de verdorvenheid uit het systeem wegzuiveren. De hoge levensduur en te hoge levensstandaarden zullen naar beneden komen. Mensen zullen harder werken, een moreler leven leiden. De prijzen zullen zich aanpassen en ondernemende mensen zullen de draad opnemen van minder bekwame mensen." – Andrew Mellon, Amerikaans minister van Financiën, bij het begin van de Grote Depressie [213]

Zoals we eerder zagen, worden economie en moraliteit vaak door elkaar gehaald. Hetzelfde geldt voor politieke keuzes. Het citaat van Andrew Mellon is een illustratie van de overtuiging dat de overheid zich niet moet moeien met de vrije markt. Wanneer bedrijven failliet gaan, wordt hun marktaandeel ingenomen door meer bekwame concurrenten. Speculanten die met een te grote hefboom werken, moeten noodgedwongen hun activa te verkopen wanneer prijzen dalen. Voorzichtige beleggers kunnen koopjes doen.

Over het algemeen is dit een efficiënte manier om de economie te organiseren. Nieuwe ondernemingen krijgen de kans om goederen en diensten te produceren die consumenten willen kopen. Bedrijven die te duur zijn gaan eruit. Investeerders die gokken op de verkeerde aandelen verliezen geld, degenen die de winnaars kochten worden beloond.

Wanneer de overheid falende ondernemingen beschermt, neemt ze de prikkels voor goed management weg. Subsidies houden verlieslatende bedrijven kunstmatig in leven. Investeerders negeren risico's in de veronderstelling dat ze toch gered zullen worden als er iets fout gaat. In 2014 was het groot nieuws dat de Chinese overheid de obligatiehouders van een fabrikant van zonnepanelen niet te hulp schoot. [214] Dat was een stap in de richting van een meer marktgedreven economie. Investeerders kregen het signaal dat ze er niet mochten van uitgaan dat de overheid bedrijfsschulden zou garanderen.

We weten echter ook dat sommige faillissementen ernstige macro-economische gevolgen met zich meebrengen. De ondergang van een bank kan bankruns in gang zetten. Het bevriezen van de rekeningen tot het bankroet afgewikkeld is, verstoort de werking van gezonde bedrijven. Het is niet zeker dat investeerders failliete bedrijven zullen overnemen. De kans bestaat dat de bedrijfsactiva wegkwijnen terwijl de economie in een depressie verzeilt en er miljoenen arbeidskrachten werkloos worden.

Er zijn dus uitzonderlijke periodes waarin de redding van banken en bedrijven schade aan de economie kan voorkomen. Overheden hebben diepe zakken dankzij toekomstige belastinginkomsten en de centrale bank. Daardoor zijn zij gewoonlijk de enige partij die een destructieve neerwaartse spiraal kan keren.

Eén van de problemen hierbij is dat het zeer moeilijk is om te bepalen wanneer een bedrijf failliet mag gaan. Door te snel een reddingsboei uit te gooien creëer je *moral hazard* (zie het hoofdstuk over verzekeringen). Een woedend kiespubliek vraagt zich af waarom de staat wel rijke bankiers redt, terwijl ze kleine bedrijven en mensen die hun hypotheek niet kunnen afbetalen failliet laat gaan. Als politici daarentegen te lang wachten om in te grijpen, kan het failliet van een financiële instelling leiden tot een systeemcrisis.

In de herfst van 2008 redden de regeringen van de Europese landen en de V.S. een heleboel banken. Maar we mogen niet vergeten dat de Amerikaanse autoriteiten eerst hadden toegestaan dat Lehman Brothers failliet ging.

Een ander probleem van bankreddingen is hoe ze geïmplementeerd worden. Overheden kunnen geld lenen aan wankele banken, garanties verstrekken of aandelen kopen. Als de overheid aandelen koopt tijdens een kapitaalsverhoging, verwatert het belang van de bestaande aandeelhouders. Wanneer de overheid meer dan 50% van de aandelen controleert, is de bank feitelijk genationaliseerd. In 2008 betaalde de Britse overheid bijvoorbeeld 20 miljard pond voor 63% van Royal Bank of Scotland (RBS). [215]

Bij elk van bovenstaande reddingsopties zullen critici bekvechten over de kostprijs. Stond de rente op de noodleningen in verhouding tot de risico's? Had de overheid een lagere prijs moeten betalen voor de bankaandelen die ze kocht? Deze discussies achteraf zijn een straatje zonder einde. Elke serieuze analyse moet bovendien de hele economie in rekening brengen, niet enkel de opbrengst of het verlies van de investering in een individuele bank. Maar we weten ondertussen al dat economen het bijna nooit met elkaar eens zijn. Er zal nog lang gedebatteerd worden over de ware kosten en baten van de bankreddingen.

Muntunies

"Wanneer mensen spreken over de kwetsbaarheid van de euro en de toenemende kwetsbaarheid van de euro, en misschien de crisis van de euro, [is het] vaak [zo dat mensen uit] niet-euro lidstaten of [hun] leiders onderschatten hoeveel politiek kapitaal in de euro geïnvesteerd is." – Mario Draghi, voorzitter van de Europese Centrale Bank [216]

Muntunies zijn een duidelijk voorbeeld van hoe de politiek de financiële economie vormgeeft. In een monetaire unie geven landen de autonomie over hun munt uit handen. Een gezamenlijke munt vergemakkelijkt de internationale handel. België en Luxemburg hebben lang de frank gedeeld. Muntstukken met de afbeelding van de groothertog van Luxemburg werden als betaalmiddel aanvaard in België. Omgekeerd was Belgisch geld een officieel betaalmiddel in Luxemburg. In de 19de eeuw richtten België, Frankrijk, Italië en Zwitserland de Latijnse Muntunie op. [217] Verschillende Afrikaanse landen maken deel uit van een muntunie.

De eurozone is de grootste monetaire unie in termen van het bbp. In 1992 tekenden de lidstaten van de Europese Gemeenschap – de voorloper van de Europese Unie – het Verdrag van Maastricht. Enkele uitzonderingen daargelaten, verbonden ze zich ertoe een gemeenschappelijke munt in te voeren. De monetaire samenwerking moest bijdragen aan een hechter verbond tussen de Europese naties.

Een aantal economen waarschuwden voor gebreken in het ontwerp van de Europese Muntunie. In geval van een crisis zouden lidstaten hun munt niet langer kunnen devalueren. Er werden geen mechanismen voorzien om schokken op te vangen.

Maar die bezwaren hielden de politieke leiders niet tegen. Hoewel landen als België en Italië niet voldeden aan de Maastricht-eis dat de staatsschuld onder 60% van het bbp moest blijven, mochten ze toch de euro invoeren. De Europese Centrale Bank zou vanuit haar hoofdkwartier in Frankfurt toezicht houden op de gemeenschappelijke munt. De euro werd de facto geïntroduceerd in 1999, maar enkel voor bankrekeningen. In de eerste weken van het jaar 2002 werd ook de papieren versie van de Duitse mark, Franse frank, Italiaanse lire en de andere nationale munten vervangen door eurobiljetten.

In 2008 omschreven economen van de Europese Commissie de euro als een doorslaand succes. [218] Hun triomfalisme zou echter snel voorbarig blijken te zijn.

Een milde inflatie van consumentenprijzen in de eurozone als geheel verhulde dat de groei van de lonen in de verschillende landen sterk uiteenliep. Als gevolg van sociale hervormingen stegen de lonen in Duitsland met minder dan 10% tussen 2000 en 2008. In diezelfde periode zagen Franse en Spaanse werknemers hun wedde meer dan 25% aandikken. In Griekenland en Ierland stegen de salarissen meer dan 50%. [219]

Terwijl de lonen divergeerden, convergeerden de rentevoeten op de staatschuld van eurolanden. Investeerders moesten dankzij de euro geen rekening meer houden met het risico van veranderende wisselkoersen op de waarde van hun obligaties. Aangezien men overheidsschuld als risicoloos beschouwde, verdwenen de verschillende rentevoeten op de schuld van eurolidstaten. In Spanje en Ierland werkten de lage rentevoeten vastgoedzeepbellen in de hand.

Door de bankencrisis van 2008 en de daarop volgende economische recessie keerden de financiële trends in de eurozone om. Door de dalende belastinginkomsten en de stijgende staatschulden realiseerde men zich dat overheden wel eens failliet zouden kunnen gaan. Andere ontwikkelde landen zoals de V.S., het Verenigd Koninkrijk en Japan hadden elk hun eigen centrale bank. In geval van nood zou die geld kunnen lenen aan de overheid. In die landen bleef de rente op de overheidsschuld dan ook laag. Maar in de eurozone was het niet duidelijk als de ECB een financieel vangnet zou vormen voor de publieke schuld van de lidstaten. Plots eisten investeerders een veel hogere rente op de schuld van de PIIGS (Portugal, Ierland, Italië, Griekenland en Spanje) dan op die van kernlanden van de eurozone zoals Duitsland, Oostenrijk of Nederland.

De eurosceptici kregen alsnog gelijk. Sommigen voorspelden het einde van de euro en een terugkeer naar nationale munten. [220] Maar deze analisten onderschatten het politiek kapitaal dat in het europroject geïnvesteerd was. Er werden een aantal fondsen opgericht zodanig dat de noodlijdende landen zich konden blijven financieren. Maar het beslissende keerpunt kwam er in 2012. Toen verklaarde ECB voorzitter Mario Draghi: "de ECB is klaar om te doen wat nodig is om te euro te redden. En geloof me maar, het zal genoeg zijn." [216]

Met uitzondering van Griekenland waren er geen eurolanden die hun schulden niet betaalden. Maar dat betekende niet dat de Europese economie het goed deed. Overheden mogen geen grote begrotingstekorten boeken om de economie te stimuleren wegens het Verdrag van Maastricht. Zonder de mogelijkheid van een devaluatie (ze maken immers deel uit van de euro), moeten landen andere manieren zoeken om hun internationale competitiviteit op te krikken.

Landen kunnen een zogenaamde 'interne devaluatie' uitvoeren door de lonen en overheidsuitgaven te verminderen. Die bezuinigingen zetten natuurlijk een domper op de totale economische vraag. Bijna tien jaar na de bankencrisis ligt het bbp van Italië nog onder het hoogtepunt van 2008. Griekenland presteerde slechter dan de V.S. tijdens de Grote Depressie. Zelfs opkomende economieën met hun eigen munten kwamen economische schokken beter te boven dan eurolidstaat Griekenland na 2008. [221]

De eurozone heeft de zwakheden van muntunies blootgelegd. De centrale bank voert één monetair beleid voor lidstaten met uiteenlopende economieën, op basis van geaggregeerde cijfers. Er kan niet op landelijk niveau bijgestuurd worden. Nationale beleidsmakers kunnen hun economieën geen duwtje in de rug geven door te devalueren. Een mogelijke oplossing zou eruit kunnen bestaan om fiscale overdrachten te organiseren van rijke naar armere lidstaten. Om vanzelfsprekende redenen is dat idee niet erg populair bij belastingbetalers in de gevende landen.

Er moet overigens opgemerkt worden dat de Europese Centrale Bank in de bovenstaande geschiedenis de gemeenschappelijke munt daadwerkelijk controleert. De negentiende-eeuwse Latijnse Muntunie had geen sterke supranationale autoriteit. De Latijnse Muntunie viel uiteen toen de lidstaten meer geld in omloop brachten dan toegestaan was. Dit versterkt nog eens het feit dat monetaire unies een stevig institutioneel kader nodig hebben om hun intrinsieke zwaktes weg te werken.

De onafhankelijkheid van de centrale bank

In de jaren 1970 bezweek Arthur Burns, de voorzitter van de Federal Reserve, onder de druk van president Richard Nixon. Nixon wou dat de centrale bank een soepel monetair beleid zou aanhouden. Hij geloofde dat lage rentevoeten goed waren voor de economie en dus voor zijn populariteit. De lakse Fed maakte echter de inflatie uit die periode mogelijk. [222]

Zoals we eerder zagen bracht Burns' opvolger Volcker de inflatie weer onder controle. Deze episode uit de financiële geschiedenis versterkte het idee dat de centrale bank onafhankelijk moet zijn van de verkozen uitvoerende macht. De Fed en de ECB hebben de opdracht gekregen om de prijsstabiliteit te bewaren. Het is een dogma onder economen dat politici moeten toestaan dat de centrale bank onpopulaire maatregelen neemt.

Maar de beslissingen van de technocraten aan het roer van de centrale banken hebben wel politieke gevolgen. Nergens is dat beter zichtbaar dan in Europa. De ECB heeft meerdere mandaten. Er staan bovendien limieten op de manoeuvreerruimte van de instelling. Deze doelen en beperkingen botsen soms met elkaar.

Door het gedrag van de Europese Centrale Bank wordt de bank er van beschuldigd zelf een politieke speler te zijn. In 2010 kampten commerciële banken in Ierland met een liquiditeitstekort. In de meeste landen zou de centrale bank in zo'n geval de nodige cash verschaffen, als ze van oordeel is dat de banken solvabel zijn. In Europa lagen de zaken echter ingewikkelder.

De toenmalige voorzitter van de ECB, Jean-Claude Trichet, stuurde een geheime brief naar de Ierse minister van Financiën. Trichet schreef dat de ECB bereid was om noodleningen te geven aan de Ierse banken. Maar enkel als de overheid instemde met een aantal eisen van de ECB. De Ierse regering moest garanderen dat ze de private banken zou redden. Ierland moest ook financiële hulp vragen aan de andere eurolanden. De Ierse overheid moest bovendien "doortastend optreden op het vlak van fiscale consolidatie, structurele hervormingen en herstructureringen in de financiële sector, in overeenstemming met de Europese Commissie, het Internationaal Monetair Fonds en de ECB". [223]

Als lid van de zogenaamde Trojka (samen met de Europese Commissie en het IMF) zette de ECB de Ierse regering het mes op de keel. Als Ierland niet akkoord ging met de vraag van de ECB, zou die de toevoer van liquiditeit naar de Ierse banken afsnijden. Op dat moment zou zo'n beslissing bijna gegarandeerd geleid hebben tot een chaotische ineenstorting van het Ierse banksysteem. Dat zou een extra klap gegeven hebben aan een economie die al in het slop zat door het uiteen spatten van de Ierse vastgoedzeepbel.

Trichet verantwoorde zijn optreden door te verwijzen naar het verbod op monetaire financiering. De ECB mag geen geld uitlenen als dat niet zal terugbetaald worden. Maar dat geeft de centrale bank nog niet het recht om bezuinigingen te dicteren, want daar komen "fiscale consolidatie" en "structurele hervormingen" in de praktijk op neer.

De ECB manoeuvreerde zich in een zelfde lastig parket in het geval van Griekenland. Opnieuw dwong de Trojka de regering tot bezuinigingsmaatregelen terwijl de ECB ermee dreigde dat de ECB anders de noodleningen aan de Griekse banken zou stopzetten.

Het supranationaal karakter van de ECB komt geregeld in conflict met nationale gevoeligheden. Onder het leiderschap van haar Italiaanse voorzitter Mario Draghi, kondigde de ECB aan dat ze obligaties van eurolanden kon kopen op de secondaire markt. [224] Handelaars reageerden op dat nieuws door de spread tussen de rente op obligaties van eurolidstaten te verminderen.

Hoewel het opkoopprogramma nooit geactiveerd werd, werd het op fel protest onthaald. Dat was met name zo in Duitsland. Jens Weidmann, het hoofd van de Bundesbank, ging niet akkoord met Draghi. Weidmann redeneerde dat het opkopen van obligaties de druk om te hervormen zou wegnemen. Bovendien vreesde hij voor inflatie. [225] In 2016 besliste het Duits grondwettelijk hof dat het opkoopprogramma niet in strijd was met de Duitse wetgeving. [226]

Deze zaken tonen aan dat centrale bankiers een delicaat evenwicht moeten vinden. Ze moeten rekening houden met inflatie, financiële stabiliteit, wettelijke beperkingen en de politieke realiteit. Als ze toegeven aan politici zijn ze niet onafhankelijk. Wanneer ze te eigengereid optreden, worden ze ervan beschuldigd dat ze aan niemand verantwoording afleggen.

Onconventioneel monetair beleid

Onbehagen over QE

Centrale banken kwamen zwaar onder vuur te liggen door hun kwantitatieve versoepelingsprogramma's. Criticasters geven QE de schuld voor een resem negatieve bijwerkingen.

QE heeft weinig effect gehad op de groei van de reële economie. We zagen eerder al dat QE een ruil van activa inhoudt. Obligaties worden ingewisseld voor basisgeld. Deze financiële transactie draagt niet bij aan het bbp.

De koopwoede van de centrale banken heeft de koers van obligaties opgestuwd. Zoals voorzien gingen de rentes omlaag. Beleggers zochten hogere rendementen in aandelen, die op hun beurt meer waard werden. Aangezien aandelen en obligaties vooral in handen zijn van rijke mensen, deed QE zo de vermogensongelijkheid toenemen. De prijzen van activa stegen veel meer dan de groei van de reële economie. Mogelijk zijn er daardoor onhoudbare zeepbellen ontstaan op de aandelenbeurzen en op de vastgoedmarkt. Als dat inderdaad het geval blijkt te zijn, dan hebben de centrale banken boter op het hoofd wanneer de zeepbellen uiteenspatten en er een recessie volgt.

Een ander effect van QE is dat banken een overvloed aan reserves op hun balans hebben: liquide activa die weinig tot niets opbrengen. Rekeninghouders zijn niet in staat om een hogere rente te eisen op hun spaargeld. Paradoxaal genoeg kan de lage opbrengst op hun spaargeld mensen er toe aanzetten om nog meer te sparen. Dat zet een rem op de economische activiteit.

Nog een ander punt van kritiek is dat de lage rente problematisch is voor pensioenfondsen en verzekeraars. Deze bedrijven moeten de looptijd van hun verplichtingen matchen met langlopende activa zoals obligaties. Wanneer het rendement op obligaties laag ligt, moeten ze meer risico's nemen door te beleggen in andere activaklassen. Het alternatief is dat ze hogere premies aanrekenen aan hun klanten.

Tenslotte wijzen sommige tegenstanders van QE erop dat de op-koopprogramma's de druk om bedrijfsvriendelijke hervormingen door te voeren weggenomen hebben. Zolang centrale banken de waarde van overheidsobligaties ondersteunen, moeten politici niet vrezen dat de financiële markten zullen speculeren op het faillissement van hun land.

Waarom de helikopters nog niet opgestegen zijn

Als helikoptergeld dan toch zo'n betrouwbaar instrument is om de economie te stimuleren, waarom is het dan nog niet in de praktijk gebracht?

Hier zijn verschillende verklaringen voor. Het spreekt voor zich dat centrale bankiers niet happig zijn om de indruk te wekken dat ze naar believen geld kunnen bijdrukken. Tegenstanders van Ben Bernanke hebben de gewezen Fed voorzitter jarenlang spottend *Helicopter Ben* genoemd wegens zijn toespraak over helikoptergeld. Eens seigniorage een aanvaardbare optie wordt, zou het scheppen van geld door de centrale bank wel eens gebruikt kunnen worden wanneer de macro-economische omgeving dat niet rechtvaardigt. Politici zouden dan de centrale bank kunnen dwingen om het begrotingstekort te financieren, in plaats van zelf harde fiscale keuzes te maken.

Helikoptergeld zou een logistieke nachtmerrie zijn. Enkele traders bij de centrale bank kunnen gemakkelijk miljarden aan obligaties kopen in het kader van kwantitatieve versoepeling. In vergelijking daarmee is het overschrijven van kleine sommen naar miljoenen mensen veel moeilijker.

De politieke strijd over rechtvaardigheid en gelijkheid is nog een grotere struikelblok. Moeten alle burgers helikoptergeld krijgen? Wat met immigranten? Zou er een leeftijdsgrens komen, of sociale correcties? Zullen de werkende bevolking niet protesteren, omdat ze liever belastingverminderingen zouden krijgen dan geld voor iedereen? Hoe zou het helikoptergeld verdeeld moeten worden binnen de eurozone? Er zijn grote verschillen tussen de inkomens in – bijvoorbeeld – Ierland en Slovakije. Hetzelfde geldbedrag heeft dus een verschillend effect op de relatieve rijkdom. Spaarders zullen vrezen voor hoge(re) inflatie.

Tenslotte merken we op dat er een overlap is tussen aanhangers van helikoptergeld en de voorstanders van een universeel basisinkomen. Als reactie op zorgen over automatisatie en werkloosheid stelt men voor dat de overheid een onvoorwaardelijk inkomen voor iedereen moet garanderen. Het is niet duidelijk of er een groot politiek draagvlak bestaat voor dergelijke ideeën. Veel mensen verwachten een zekere wederkerigheid wanneer er geld gegeven wordt. Door helikoptergeld – een mogelijk beleidsinstrument van de centrale bank in uitzonderlijke macro-economische omstandigheden – te vermengen met het idee van een universeel basisinkomen, voedt men het vermoeden dat helikoptergeld een uitsluitend links voorstel is.

DEEL VII | De financiële toekomst

Trends en speculaties

Dit boek beschreef wat bankiers doen. Een heleboel voorbeelden toonden aan dat banken al lang een cruciale rol spelen in de economie.

Door de crisis van 2008 ging men fundamentele vragen stellen over het financieel systeem. Sommige commentaarschrijvers verkondigden zelfs het einde van de bankensector. Ze baseerden zich op technologische ontwikkelingen en het klimaat van de lage rente om hun profetie te onderbouwen. [227] [228]

Maar is het tijdperk van de bankiers echt voorbij? Zullen bestaande financiële instellingen de komende decennia overleven? Hoe zal geld er in de toekomst uitzien? Zullen er binnen een generatie nog banken zijn die wij zouden herkennen? Of zullen banken uitsterven en zoals de dinosaurussen opgevolgd worden door kleinere, flexibelere spelers? Hoe zullen landen omgaan met macro-economische schommelingen?

Nobelprijswinnaar Niels Bohr zou ooit gezegd hebben: "voorspellingen maken is zeer moeilijk, vooral over de toekomst". Toch kunnen we op basis van huidige ontwikkelingen een geïnformeerde gok doen over hoe de financiële sector de komende jaren zal evolueren. Politieke en institutionele veranderingen zijn moeilijker te voorspellen. Ik kan enkel maar de problemen en hun mogelijke oplossingen presenteren. Hoe de wereld zal omgaan met deze uitdagen valt af te wachten. Het lijkt misschien flauw dat ik een slag om de arm houd. Maar ik wil geen overmoedige goeroe spelen. Er bestaan meerdere opties, elk met hun voor- en nadelen. Een geïnformeerd publiek zou die tegen elkaar moeten kunnen afwegen. Anders laten we ons leiden door slogans en dragen we er later de gevolgen van.

Geld

Goud en cryptomunten

Het huidige systeem van fiatgeld gecontroleerd door centrale banken heeft tegenstanders. Hun voornaamste kritiek bestaat eruit dat de geldhoeveelheid niet gelimiteerd is, wat tot inflatie leidt. Critici stellen voor om de monetaire basis te koppelen aan iets met een beperkt aanbod.

Eén stroming wil een terugkeer naar de gouden standaard. Centrale banken zouden enkel geld mogen uitgeven dat gedekt wordt door de goudvoorraad in hun kluizen.

Een ander voorstel vermijdt centrale banken volledig. Cryptomunten hebben geen link met (inter)nationale valuta als de dollar, euro of de yen. Zoals hun naam suggereert, zijn deze alternatieve munten gebaseerd op digitale encryptie. Bitcoin is de meest bekende cryptomunt. De versleuteltechnologie zorgt ervoor dat bitcointransacties veilig zijn.

Net zoals goud wordt bitcoin 'ontgonnen'. Men gebruikt de Engelse term *mining*. Om bitcoin te *minen* heb je geen zware graafmachines nodig, maar computers die algoritmes draaien. De computers lossen een wiskundig probleem op om de coderingssleutels te vinden die aan de basis liggen van de cryptomunt.

Voorstanders van goud en cryptomunten delen de wens dat de overheid zich zo min mogelijk zou moeien met ons geld. Hun alternatieven hebben echter verschillende zwaktes. Die gebreken zullen er waarschijnlijk voor zorgen dat hun voorstellen niet gaan doorbreken.

Ten eerste creëren banken geld door leningen te verstrekken. Zoals uitgelegd werd in Deel I, staat het geldscheppingsproces los van de hoeveelheid basisgeld. Een bank zou leningen in bitcoin kunnen uitschrijven, terwijl de klanten hun betalingen doen met overschrijvingen. De bank kan bitcoindeposito's aantrekken door rente te betalen. Hetzelfde scenario geldt voor een monetaire basis die gedekt wordt door goud. Commerciële banken kunnen altijd meer geld scheppen door krediet te verlenen.

Een bankensysteem zonder centrale bank als 'geldschieter in laatste instantie' (in het Engels: *lender of last resort*) is kwetsbaar voor paniek. Aan het begin van de Eerste Wereldoorlog schortten de Europese landen de inwisselbaarheid van cash in goud op. De gouden standaard kwam ten einde. Er is geen reden om te geloven dat een nieuwe gouden standaard het beter zou doen tijdens een crisis. Door bankruns op bitcoinbanken zou men regels en depositogaranties eisen. De ideologische bezwaren tegen overheidsinmenging zouden erbij inschieten.

Goede munten zijn stabiel. De Amerikaanse dollar, de Zwitserse frank, het Britse pond en de euro worden gekenmerkt door een lage inflatie. De wisselkoersenverschuivingen tussen deze valuta zijn bescheiden. Bitcoin daarentegen is heel volatiel. In 2010 was één bitcoin nog maar enkele centen waard. Naarmate de belangstelling voor de cryptomunt toenam, stegen de prijzen. Eind 2013 betaalden mensen meer dan 1000$ voor een bitcoin. De koers viel terug naar 200$ in 2015. Begin 2017 was een bitcoin zo'n 1000$ waard. Daarna gingen de prijzen door het dak, met een hoogtepunt boven 19.000$ in december 2017. Dergelijke wilde schommelingen zijn dan wel interessant voor speculanten, maar ze zijn nefast voor wie bitcoin wil gebruiken als betaalmiddel in de handel. Winkeliers en hun klanten verkiezen voorspelbare prijzen.

Voorstanders van een minimale overheid steken de loftrompet over de anonimiteit en het gebrek aan politieke controle van cryptomunten. Criminelen ontdekten de mogelijkheden van bitcoin om online wapens en drugs te kopen. De utopische voordelen van decentraal geld zullen hoogstwaarschijnlijk tot een politieke reactie leiden. Traditionele banken moeten verdachte transacties melden. Ze moeten meewerken met het bevriezen van rekeningen en sancties tegen buitenlandse regimes implementeren. Het valt te verwachten dat overheden cryptomunten aan banden zullen leggen voor ze wijdverspreid gebruikt worden.

Een cashloze maatschappij?

Baar geld heeft verschillende nadelen. Gebruikers moeten opletten voor valsmunterij. Cash moet vervoerd worden tussen banken en winkels. Overvallers kunnen kluizen en kassa's leegroven. De zwarte economie draait op contante betalingen. Cashtransacties zijn onzichtbaar voor politie- of belastinginspecteurs, in tegenstelling tot verrichtingen op bankrekeningen.

Net zoals email de meeste brievenpost heeft vervangen, wordt papiergeld geleidelijk vervangen door elektronische betalingen. Negentig procent (in waarde uitgedrukt) van de Belgische consumentenaankopen wordt elektronisch betaald. Cashbetalingen vertegenwoordigen in Zweden zelfs amper 2% van de waarde van alle transacties. De rest gebeurt met bankkaarten of smartphones. [229]

Er zijn economen die voorstellen om baar geld helemaal af te schaffen. Dat zou de activiteiten van witwassers en drugstrafficanten bemoeilijken. Bovendien maakt een volledig digitale munt nieuwe macro-economische beleidsmiddelen mogelijk. Men zou bijvoorbeeld negatieve rentes kunnen opleggen aan spaarders, aangezien ze hun geld niet langer van de bank kunnen afhalen om het in cash te bewaren.

Tegenstanders wijzen er op dat niet iedereen staat te springen om overal elektronisch te betalen. Winkeliers klagen over de kosten die banken aanrekenen voor betaalterminals. Wanneer het elektronisch betaalnetwerk plat ligt, kunnen kassiersters enkel nog cash aannemen. Zonder contant geld zouden winkels moeten sluiten bij storingen. Verdedigers van cash gebruiken gelijkaardige argumenten als de pleitbezorgers van cryptomunten. Namelijk dat een cashloze maatschappij een verdere stap is in de richting van een bemoeizuchtige overheid die haar burgers bespioneert.

Hoogstwaarschijnlijk zal het marktaandeel van elektronische betalingen blijven toenemen, aangezien consumenten het praktisch vinden. Het lijkt me echter onwaarschijnlijk dat papiergeld in de nabije toekomst zal verdwijnen. De economie zal in de praktijk cashloos zijn, maar munten en bankbiljetten zullen blijven bestaan.

Het veranderend banklandschap

Technologie

Technologische vooruitgang maakt nieuwe vormen van financiële dienstverlening mogelijk. Met name het (mobiel) internet schiep opportuniteiten die voordien ondenkbaar waren. Financiële technologiebedrijven – de zogenaamde *fintechs* – strijden met gevestigde banken voor een deel van de markt in betalingen, kredieten en beleggingen. Omdat ze flexibel zijn en zich op één product richten, kunnen fintechs goedkopere, snellere of meer gebruiksvriendelijke diensten aan hun klanten aanbieden dan de traditionele spelers.

Paypal is zo'n fintech. De onderneming, die gesticht werd in 1998, was een pionier op het vlak van veilige online betalingen. Paypal elimineerde zo het gedoe van geld over te moeten schrijven naar een andere bankrekening. De opkomst van de smartphone leidde tot een explosie van apps die betalingen gemakkelijk maken. Gebruikers kunnen bijvoorbeeld een factuur betalen door de QR code te scannen. Of ze kunnen draadloos een transactie goedkeuren, zonder dat ze hun bankkaart moeten uithalen.

Peer-to-peer (P2P) kredietverstrekkers proberen een deel van de leningmarkt in te palmen. In plaats van een krediet af te sluiten bij de bank, ontlenen gebruikers van P2P leenplatformen geld bij andere deelnemers. Door hun geld uit te lenen via het platform trachten degenen met een spaaroverschot een hogere rente te verdienen dan op hun bankrekening.

Dankzij crowdfundingplatformen kunnen bedrijfjes geld ophalen om hun projecten te financieren. Andere fintechs bieden oplossingen aan voor valutatransacties, beleggingsadvies of beurshandel.

Bestaande banken laten zich uiteraard niet zomaar de kaas van het brood eten door fintech startups. Banken nemen zelf software-ontwikkelaars in dienst om hun eigen apps te schrijven.

De elektronica-revolutie zal ook het businessmodel van niet-banken door elkaar schudden. Met behulp van goedkope sensoren kunnen verzekeringsmaatschappijen het gedrag van hun klanten in de gaten houden. Er zijn al bestuurders die versnellingsmeters in hun wagen lieten installeren. De verzekeraar beloont chauffeurs die veilig rijden – en dus een kleinere kans op ongevallen lopen – met een lagere premie. Dashboardcamera's moeten bewijzen wat er precies gebeurde voor een botsing. Levensverzekeraars zouden de gezondheid van hun klanten kunnen opvolgen met draagbare toestelletjes.

Deel III toonde aan dat innovatie niet nieuw is in de financiële sector. Banken gebruiken al lang technologie om efficiënter te werken. Het werk bij banken evolueert continu als reactie op de machines. In de jaren 1960 werden veel administratieve taken vervangen door mainframe computers. Bankautomaten hebben de taak van loketbedienden grotendeels overgenomen.

Onder andere door het internet verwachten mensen dat bedrijven flexibel zijn. De tijd dat bankfilialen enkel open waren tijdens de kantooruren is definitief voorbij. Klanten kunnen nu online een pak basisdiensten aanvragen, zoals rekeningen, kredietkaarten of zelfs leningen. Via de telefoon, chat of video-oproep kunnen cliënten hun bank contacteren wanneer het hen past. Banken identificeren de voorkeur van de klant met *big data* technologie.

Lonen vormen één van de grootste kostenposten voor banken. Om winstgevend te blijven in een sterk competitieve omgeving, zullen banken in de toekomst banen blijven schrappen. Indien fintechs er in slagen de prijs van financiële basisproducten naar beneden te halen, zou het niet verbazen dat banken hun pijlen meer gaan richten op bedrijven en rijke klanten. Zo kunnen ze nog aanvaardbare winstmarges halen. Banken zullen waarschijnlijk het retail-segment bedienen met bundels goedkope onlineproducten. Bankkantoren voor dat soort klanten zullen grotendeels verdwijnen.

De bankjobs van de toekomst zullen niet-routineuze banen zijn die niet gemakkelijk geautomatiseerd kunnen worden. Zakenbankiers, kredietanalisten, software ingenieurs, privé-bankiers en marketeers mogen op twee oren slapen. Artificiële intelligentie zal hun job nog niet meteen zal inpikken.

Regelgeving

Doorheen dit boek hebben we keer op keer gezien dat we niet uitsluitend naar banken en hun klanten mogen kijken als we de geldwereld willen doorgronden. Er speelt altijd regelgeving en een politieke context mee.

Het is hoogst onwaarschijnlijk dat banken – een sector met een sterke lobbymachine – hun markt zullen laten inpikken door nieuwe spelers zonder terug te vechten. Disruptieve vernieuwers in andere sectoren, zoals Uber voor taxi's of Airbnb voor hotels, krijgen veel kritiek van gevestigde spelers omdat ze de regels aan hun laars lappen.

Sommige bankpraktijken mogen dan al niet helemaal koosjer zijn, banken zijn wel onderworpen aan toezicht. De vraag is als er eerst een schandaal moet losbreken waarbij klanten van fintechs grote verliezen lijden, of als de autoriteiten proactief regels zullen opleggen. In ieder geval zal de verplichting om alle wettelijke regels na te leven de kosten voor fintechs opjagen.

Computergeeks kunnen ongetwijfeld meer gebruiksvriendelijke applicaties bouwen dan de systemen die banken nu hebben. Maar het valt af te wachten als technologiebedrijven beter zijn in het verstrekken van leningen. De hype van P2P leenplatformen is al wat gaan liggen. [230] De meeste spaarders willen helemaal geen kredietrisico lopen. Ze willen er net zeker van zijn dat hun geld beschikbaar is wanneer ze het nodig hebben. De fintech kredietverstrekkers kampen met dezelfde problemen als de ouderwetse banken. De CEO van LendingClub moest opstappen toen bekend raakte dat het kredietplatform leningen verkeerd had voorgesteld aan een investeerder. Het schandaal werd nog erger gemaakt door een belangenconflict. [231]

Wat kunnen we voorspellen over de regelgeving voor traditionele banken? Europese bankregels volgen grotendeels de aanbevelingen uit Bazel. In die Zwitserse stad is het comité voor bankentoezicht gevestigd. Van *Basel I* (1988) tot *Basel III* (2011) zijn de rapporteringsvereisten voor banken steeds strikter geworden. Als we die trend extrapoleren, zullen banken in de toekomst quasi direct gedetailleerde overzichten van hun activa en passiva aan de toezichthouders moeten bezorgen.

Amerikaanse en Europese toezichthouders hebben financiële instellingen ook aan stresstesten onderworpen. Een stresstest bestudeert het effect van schokken op banken. Voorbeelden van schokken zijn onder meer stijgende rentevoeten, dalende prijzen van financiële activa of een uitstroom van deposito's. Waarschijnlijk zal het belang van stresstesten groter worden, aangezien ze een ideaal instrument zijn om de respons van firma's op een veranderende marktomgeving na te gaan.

Een andere aanpak van reguleren zou eruit kunnen bestaan dat banken verplicht worden ruimere kapitaals- en liquiditeitsbuffers aan te leggen, zoals reeds vermeld werd in Deel I. Door een hoger eigen vermogen kunnen banken grotere verliezen verwerken. Dit is een eenvoudige manier om het risico van het financieel systeem voor de maatschappij te verkleinen.

Voorstellen voor *full reserve banking* elimineren het krediet- en liquiditeitsrisico helemaal. Deposito's zouden in zo'n scenario volledig gedekt worden door cash activa van de bank. Met ander woorden, banken moeten een 'volledige reserve' aan basisgeld aanleggen. Deze situatie werd in het hoofdstuk over betalingen uitgelegd. In een wereld met *full reserve banking* zouden niet-bancaire kredietverleners leningen uitschrijven. Ze mogen geen deposito's aanvaarden, anders scheppen ze weer geld (op rekeningen)! Het kredietrisico zou gedragen worden door de aandeelhouders van de geldschieters. Bankieren met volledige reserves is een radicaal idee met weinig kans op slagen. Er bestaat geen draagvlak voor bij banken, regelgevers of politici. Bovendien zouden schaduwbanken opduiken.

Macro-economisch management

Centrale banken

De belangrijkste centrale banken ter wereld zijn massaal financiële activa beginnen opkopen, zonder vooraf te plannen hoe ze hun kwantitatieve versoepeling konden terugdraaien. Nu worden ze met dat probleem geconfronteerd. Centrale bankiers moeten beslissen als ze hun grote balansen willen behouden of inkrimpen. Eén mogelijkheid die taboe blijft, is om de staatsschuld in handen van de centrale bank om te zetten in geld. Overheidsobligaties gekocht tijdens QE zijn passiva van de staat, maar activa voor de centrale bank. De centrale bank is op haar beurt eigendom van de overheid.[19] De publieke sector zou tegelijk de activa en passiva kunnen schrappen om zo de staatsschuld te verminderen.

Dat brengt ons terug bij de onafhankelijkheid van de centrale bank. Zo lang er centrale banken zijn, zullen er spanningen zijn met politici.

Het is daarom nodig om de mandaten van de centrale bank te evalueren. Moet de centrale bank zich enkel bezighouden met prijsstabiliteit? Of krijgt de instelling ook de verantwoordelijkheid voor andere variabelen, zoals wisselkoersen, werkloosheid of financiële stabiliteit? Wanneer de centrale bank één doelstelling krijgt en er in slaagt die te bereiken, kunnen politici de zwarte piet voor hun eigen falen niet langer doorschuiven naar de centrale bank.

In het debat over de rol van de centrale bank zal men ook moeten nagaan als de bank over de nodige hulpmiddelen beschikt. Centrale banken hebben hun bevoegdheden uitgebreid van het sturen van de kortetermijnrente naar kwantitatieve versoepeling. Wat is de volgende stap? Zullen centrale banken ook aandelen opkopen, zoals de centrale banken van Japan en Zwitserland nu al doen? Zal een centrale bank het aandurven om helikoptergeld rond te strooien?

---

19   Centrale banken zoals de Nationale Bank van België en de Zwitserse Nationale Bank hebben ook private aandeelhouders. Deze aandeelhouders hebben geen invloed op het beleid van de centrale bank of de verdeling van de winst.

De economie stabiliseren

Deel V toonde aan hoe activaprijzen, kredietgroei en de spaarquote de totale vraag beïnvloeden. Als het de autoriteiten menens is met een stabiele economische groei, zijn deze factoren een logisch uitgangspunt. Maar tegelijk is het moeilijk om het gedrag van privéspelers te controleren zonder in een planeconomie te vervallen.

Neem bijvoorbeeld het effect van activaprijzen. We zagen al dat optimistische investeerders de waardering van aandelen tot stratosferische hoogtes kunnen jagen. Maar het is helemaal niet zeker dat centrale bankiers de 'juiste' prijs van financiële activa beter kunnen bepalen. Denk eraan dat Alan Greenspan al in 1996 waarschuwde voor de irrationele uitzinnigheid van beleggers. Dat was jaren voor de S&P 500 haar hoogtepunt bereikte.

Zelfs al zouden regelgevers de correcte waarde van aandelen en vastgoed kennen, hoe zouden ze er dan voor zorgen dat investeerders niet te ver afwijken van die prijzen? Het conventionele instrument van centrale banken is de kortetermijnrente. Door die rente te verhogen, zouden investeerders overtuigd kunnen worden om hun geld op een spaarrekening te houden in plaats van aandelen te kopen. Maar wanneer aandelen jaarlijks met 10% stijgen terwijl de inflatie maar 2% bedraagt, houdt het weinig steek om de kortetermijnrente op 10% te zetten. Het verhogen van de rente zou er voor zorgen dat consumenten en bedrijven minder lenen. Om dalende beurskoersen in de toekomst te vermijden, zou de centrale bank de economie verstikken. De Federal Reserve trok in de late jaren 1920 de rente op om de beurszeepbel af te remmen. Volgens sommige economen droegen de hogere rentevoeten bij aan de economische crash die volgde.

Er zijn nog andere manieren te bedenken om de activaprijzen te controleren. Staatsfondsen en centrale banken zouden aandelen kunnen aan- en verkopen om de prijzen binnen een zeker bereik te houden. Of zou zouden kunnen short gaan wanneer ze geloven dat aandelen overgewaardeerd zijn.

De vraag is echter indien deze oplossing niet erger is dan het probleem. Overheidsinstellingen zouden biljoenen euro's beheren. Zo'n grote verantwoordelijkheid gekoppeld met een beperkt toezicht zal gegarandeerd problemen opleveren.

Het reguleren van de kredietgroei is een even netelige kwestie. De centrale bank zou een plafond kunnen instellen voor het volume leningen dat banken binnen een jaar mogen uitschrijven. Banken zouden bijvoorbeeld gedwongen kunnen worden een quotum aan te kopen van het recht om kredieten te verstrekken. Of ze zouden belast kunnen worden wanneer ze de toegelaten krediethoeveelheid overschrijden. Het rantsoeneren van krediet beperkt de vrijheid van bankiers. In zo'n omgeving is het vanzelfsprekend dat men zal lenen bij schaduwbanken of in het buitenland, buiten het zicht van de toezichthouders.

Overheden zouden ook kunnen proberen om leningen die niet bijdragen aan het bbp in te perken. Denk maar aan hypotheekleningen die dienen om bestaande huizen aan te kopen. Dat soort krediet maakt vastgoedzeepbellen mogelijk. De impact op de werkgelegenheid is dan weer heel beperkt. Maar er moet toch op gewezen worden dat het niet zeker is dat het inperken van hypotheekschulden een goede zaak zou zijn. Sommige gezinnen zullen geen eigen huis meer kunnen kopen.

Negatieve rentes voor spaarders zijn nog een ander idee van economen. Wanneer de totale uitgaven laag liggen, zou een negatieve rente aangerekend worden op spaarrekeningen. Dat moet mensen aansporen om meer uit te geven. Dat is ook de reden waarom bepaalde economen cash willen afschaffen. Ze denken dat je in een cashloze economie niet kan ontsnappen aan negatieve rentes op bankrekeningen. In werkelijkheid zullen er altijd manieren bestaan om de negatieve rente te ontlopen. Spaarders kunnen vreemde valuta, goud of bitcoin kopen.

In plaats van vergezochte geneesmiddelen te verzinnen die erger zijn dan de kwaal, zou het nuttig zijn mochten macro-economen een model ontwikkelen dat overeenstemt met de economische realiteit. Dat model moet schuld, rentevoeten, activaprijzen, inflatie en internationale onevenwichten in rekening brengen. Zo zou een betere coördinatie van fiscaal en monetair beleid mogelijk worden.

Internationale samenwerking

Globalisatie is een wezenlijk kenmerk van bankieren, net zoals in de rest van de moderne economie. Barrières voor kapitaalstromen zijn weggewerkt. Landen harmoniseren hun regels ten koste van nationale controle. Immigratie en de economische stagnatie van de middenklasse hebben echter tot een reactie tegen de globalisering geleid. Barsten in de internationale samenwerking zouden grote gevolgen hebben voor banken.

Beperkingen op kapitaalstromen zouden de werking van multinationale banken belemmeren. Wanneer een land de kapitaaluitstroom zou limiteren, dan kunnen toezichthouders de rentebetalingen aan buitenlandse entiteiten tegenhouden. Banken zouden het moeilijk krijgen om buitenlandse deposito's aan te trekken.

Internationale banken profiteren van gedeelde regels. Een gezamenlijk regelgevend kader houdt de compliance-kosten binnen de perken. Het alternatief is een koterij van specifieke regels per land. De integratie van niet-gestandaardiseerde financiële en risico-cijfers zou een nachtmerrie zijn.

Het is natuurlijk wel zo dat politieke versnippering ook kansen zou creëren voor banken. Privé-bankiers wrijven zich in de handen bij het idee dat de informatie over hun klanten niet meer gedeeld zou worden. Meer fiscale competitie in combinatie met anonimiteit is een zegen voor belastingparadijzen.

De Europese Unie (EU) is het schoolvoorbeeld van een nauwe internationale samenwerking. De Britse kiezers kozen er in een referendum in 2016 voor de EU te verlaten. Banken in Londen maken plannen om bepaalde afdelingen te verhuizen van de Britse hoofdstad naar het Europese vasteland. Ze hopen erop dat de Brexit niet teveel beperkingen zal veroorzaken voor reizende bankiers en hun klanten. Bankiers willen ook zo min mogelijk financiële belemmeringen.

De Europese Bankenautoriteit (EBA) reguleert banken in de EU. Enkele landen buiten de Unie, zoals Noorwegen, doen ook mee met EBA. In theorie kan Groot-Brittannië dus de EU verlaten terwijl haar banken geïntegreerd blijven met hun collega's op het vasteland. Maar in dat geval kan het Verenigd Koninkrijk (V.K.) uiteraard de banken niet reguleren zonder rekening te houden met de rest van Europa.

In tegenstelling tot het V.K., dat het Britse pond behield, hebben de meeste lidstaten van de EU hun nationale munten vervangen door de euro. Estland trad bijvoorbeeld in 2011 toe tot de muntunie tijdens de Europese schuldencrisis.

Als een land dat de euro gebruikt opnieuw een nationale munt zou invoeren, zou dat op korte termijn allerlei problemen scheppen. Stel dat Frankrijk terugkeert naar de franc. Zouden alle eurodeposito's bij Franse banken dan in francs omgezet worden? In welke munt moet een bestaand contract tussen een Frans en een Duits bedrijf betaald worden? Wat gebeurt er met Franse overheidsobligaties in handen van buitenlandse beleggers?

Het voornaamste probleem met een euro-uitstap is de verwachte wisselkoers. Als mensen geloven dat de nieuwe munt zal verzwakken ten opzichte van de euro, is het rationeel dat ze proberen te zorgen dat hun rekeningen niet omgezet worden in de nieuwe munt. Dat kan bijvoorbeeld door hun geld over te schrijven naar een buitenlands bank of door eurobiljetten af te halen. Anticiperen op een euro-exit en de daaropvolgende devaluatie komt met andere woorden neer op bankruns.

Op langere termijn is het minder duidelijk dat het uiteenvallen van de euro een slechte zaak zou zijn. Een muntdevaluatie maakt uitvoer goedkoper. De binnenlandse productie wordt gestimuleerd doordat uitheemse goederen duurder worden. Binnen de eurozone ontberen landen de flexibiliteit van een vlottende wisselkoers. Hun bedrijven moeten de lonen verlagen of werknemers ontslaan om competitiever te worden ten opzichte van buitenlandse rivalen. Dat proces zet een domper op de totale uitgaven.

Daarnaast moet ook de reactie van de overblijvende eurolanden in rekening gebracht worden. Als vergelding kunnen ze importheffingen opleggen aan de uittredende natie. Dergelijke handelsbarrières zouden het positieve effect van de devaluatie op de uitvoer teniet kunnen doen.

Tenslotte zou een terugkeer naar aparte munten binnen Europa de valutahandel voor banken weer doen opleven.

De volgende crisis

We kunnen er zeker van zijn dat er vroeg of laat een nieuwe financiële crisis zal losbarsten. Investeerders verliezen een deel van hun vermogen wanneer activaprijzen kelderen. Banken en verzekeraars schatten risico's verkeerd in. Hoewel zulke verliezen pijnlijk zijn voor mensen en bedrijven, veroorzaken ze niet noodzakelijk systeemschokken voor de economie.

Krediet zorgt ervoor dat verliezen vergroot worden. Via schulden worden verliezen doorgegeven aan andere entiteiten. Door het hefboomeffect dat ingebakken zit in het businessmodel van de banken, kunnen kredietverliezen het eigen vermogen van banken uitwissen. Panikerende rekeninghouders starten een bankrun. Bange consumenten geven minder uit. Bange bedrijven steken projecten in de koelkast. Bange bankiers stoppen met geld te lenen.

In een ander scenario neemt de inflatie toe. Centrale bankiers durven de economische groei niet te fnuiken door de rente te verhogen. Consumptieprijzen gaan de hoogte in terwijl de reële economie stagneert. Banken en bedrijven krijgen het moeilijk om vooruit te plannen. Ze hebben geen vertrouwen in de reële waarde van toekomstige kredietaflossingen.

De econoom Hyman Minsky argumenteerde dat stabiliteit tot zelfgenoegzaamheid leidt. Centrale bankiers en academici geven elkaar schouderklopjes voor hun goede werk. Er is geen politieke noodzaak om streng te zijn voor de banken. Toezichthouders gaan er van uit dat bankiers weten waar ze mee bezig zijn. Geleidelijk aan gaat men beperkingen voor banken als verouderd beschouwen, overblijfsels uit een andere tijd. Regelgeving wordt afgezwakt of niet meer afgedwongen. Wie waarschuwt voor problemen wordt weggezet als een halve gek. Het mantra luidt dat deze tijd anders is, 'this time is different'. Nieuwe technologie wordt verward met een beter begrip van risico.

Na de kredietcrisis van 2007-2008 werd aan beide kanten van de Atlantische Oceaan nieuwe financiële wetgeving aangenomen. De Verenigde Staten voerden de Dodd-Frank wet in. In Europa richtte men een bankenunie op. Het toezicht op de grootste Europese banken werd overgedragen van het nationale niveau naar de ECB. [232]

Daarnaast kreeg een nieuwe afwikkelingsautoriteit de bevoegdheid om falende banken gecontroleerd te sluiten.

Wanneer er een nieuwe bankencrisis komt, zal moeten blijken als de bovengenoemde wetten en instellingen nog steeds bestaan. En zo ja, als ze opgewassen zijn tegen hun taak. Denk eraan dat er bijna tachtig jaar zat tussen de bankfaillissementen tijdens de Grote Depressie en de bankencrisis van 2008. De Glass-Steagall wet die de banksector aan banden legde werd geleidelijk uitgehold.

Volgens Timothy Geithner, de voormalige Amerikaanse minister van Financiën, heeft Dodd-Frank paradoxaal genoeg de systeem-risico's groter gemaakt. De wet heeft het vermogen van politici om doortastend op te treden tijdens een crisis ingeperkt. [233] Volgens Geithner bestaat het probleem van *'too big to fail'*, banken die te groot zijn om failliet te gaan zonder de economie ernstige schade te berokkenen, nog steeds.

De praktijk zal uitwijzen hoe robuust het financieel systeem en haar toezichthouders zijn. Het valt af te wachten hoe lang de regelgeving risico's onder controle kan houden. Het institutioneel kader zal zijn waarde moeten bewijzen op het moment dat een grote (schaduw) bank failliet gaat. Door het belang van banken voor de economie ben ik ervan overtuigd dat hooggeplaatste politici zich zullen moeien wanneer een bank op instorten staat, als ze dat nu wettelijk gezien mogen of niet. Er is geen theorie of simulatie die de verantwoorde-lijken volledig kan voorbereiden op de specifieke omstandigheden van de volgende crisis. Maar gewapend met de inzichten uit dit boek weten de toekomstige leiders alvast wat er op het spel staat.

Dankwoord

Ideeën ontstaan niet in een vacuüm. Als iemand zonder diploma economie leerde ik veel door het lezen van blogs over geldzaken. Ik wil in het bijzonder Barry Ritholtz, John Hussman, Michael Pettis, Paul Krugman, FT Alphaville en ZeroHedge bedanken. De commentaren onder blogartikels waren ook heel waardevol. Ze leggen de opvattingen en misvattingen bloot die mensen hebben over economische onderwerpen.

Mijn job in het risicodepartement van KBC Group leerde me hoe banken in de echte wereld werken. Mijn voormalige collega's hebben een belangrijke impact gehad op mijn denken, hoewel ze zich daar waarschijnlijk niet bewust van waren.

Frank van Lerven en Stan Jourdan ontdekten al vroeg mijn blogberichten over helikoptergeld en kwantitatieve versoepeling. Dat motiveerde me om de rol van de centrale banken niet te verwaarlozen in dit boek.

Speciale dank aan alle lezers die niet gewacht hebben op de Nederlandse vertaling en al een Engelstalig examplaar van *Bankers are people, too* kochten. Dankzij de feedback die ik van enkele lezers kreeg, heb ik de tekst hier en daar aangepast ten opzichte van de eerste Engelstalige versie.

Mijn zus Emmy tekende de prachtige cartoons voor dit boek.

Een boek schrijven en vertalen is een eenzaam werkje. Dankzij mijn vrienden Bart Vromman, Thiara Dumoulin, Bram Heytens, Julie Delbecque, Stan Minne, Milena Mladenovic, Stijn Cannie, Eline Roose, Tim De Blanck en Yolan Depraetere kreeg ik regelmatig een broodnodige pauze.

De grootste dank gaat naar mijn familie. Hun steun was van onschatbare waarde.

Bibliografie

[1]   H. Schacht, The magic of money, London: Oldbourne, 1967.

[2]   "The Great American Bubble Machine," Rolling Stone, 2010. [Online]
         http://www.rollingstone.com/politics/news/the-great-ameri-
         can-bubble-machine-20100405.

[3]   M. Hudson, Killing the host. How financial parasites and debt destroy
         the global economy, ISLET, 2015.

[4]   "OECD financial literacy study finds many adults struggle with mon-
         ey matters," OECD, 2016. [Online] http://www.oecd.org/finance/
         oecd-financial-literacy-study-finds-many-adults-struggle-with-mon-
         ey-matters.htm.

[5]   "The Wolf of Wall Street," IMDb, 2013. [Online] http://www.imdb.
         com/title/tt0993846/.

[6]   "A Madoff Whistle-Blower Tells His Story," Time, 2009. [Online]
         http://content.time.com/time/business/article/0,8599,1877181,00.
         html.

[7]   "Latest Madoff fraud deal pushes amount recovered to over $10
         billion," Fortune, 2014. [Online] http://fortune.com/2014/11/17/
         new-settlement-pushes-recovery-for-madoff-fraud-victims-to-over-
         10-billion/.

[8]   "Goldman Sachs hired prostitutes to win Libyan business, court told,"
         The Guardian, 2016. [Online] https://www.theguardian.com/busi-
         ness/2016/jun/13/goldman-sachs-hired-prostitutes-to-win-libyan-
         business-court-told.

[9]   "Germany's Landesbank Losers," Forbes, 2007. [Online] http://www.
         forbes.com/2007/08/21/germany-landesbanks-subprime-mar-
         kets-equity-cx_po_0821markets20.html.

[10]   "U.S. Credit Crisis Adds to Gloom in Norway," The New York Times,
         2007. [Online] http://www.nytimes.com/2007/12/02/world/eu-
         rope/02norway.html.

[11]   "Ex-Société Générale Trader's Huge Fine Is Cut to 1 Million Eu-
         ros," The New York Times, 2016. [Online] https://www.nytimes.
         com/2016/09/24/business/international/jerome-kerviel-socie-
         te-generale-fine.html?_r=0.

[12]   "Misconduct bill tops $235 billion as banks struggle to shake off
         past sins," Reuters, 2015. [Online] http://uk.reuters.com/article/uk-
         banks-fines-idUKKBN0O70XT20150522.

[13] "Bank of America Adds a Mortgage Settlement to Its Collection," Bloomberg, 2014. [Online] https://www.bloomberg.com/view/articles/2014-08-21/bank-of-america-adds-a-mortgage-settlement-to-its-collection.

[14] "HSBC to pay $1.9 billion U.S. fine in money-laundering case," Reuters, 2012. [Online] http://www.reuters.com/article/us-hsbc-probe-idUSBRE8BA05M20121211.

[15] "BNP Paribas sentenced in $8.9 billion accord over sanctions violations," Reuters, 2015. [Online] http://www.reuters.com/article/us-bnp-paribas-settlement-sentencing-idUSKBN0NM41K20150501.

[16] "Understanding the Libor scandal," Council on Foreign Relations, 2016. [Online] http://www.cfr.org/united-kingdom/understanding-libor-scandal/p28729.

[17] "26 bankers already sentenced to a combined 74 years in prison," Iceland Magazine, 2015. [Online] http://icelandmag.visir.is/article/26-bankers-already-sentenced-a-combined-74-years-prison.

[18] "Gerrit Zalm," [Online] https://www.abnamro.com/nl/images/Documents/010_Over_ABN_AMRO/Corporate_Governance/ABN_AMRO_CV_Gerrit_Zalm.pdf.

[19] "Au fait, il faisait quoi chez Rothschild, Emmanuel Macron?," Le Nouvel Observateur, 2016. [Online] http://tempsreel.nouvelobs.com/rue89/rue89-politique/20160830.RUE5451/au-fait-il-faisait-quoi-chez-rothschild-emmanuel-macron.html.

[20] "Politici spelen sleutelrol in Dexia," De Standaard, 2004. [Online] http://www.standaard.be/cnt/gruae334.

[21] "Tim Geithner and the revolving door," The New Yorker, 2013. [Online] http://www.newyorker.com/business/currency/tim-geithner-and-the-revolving-door.

[22] "Tony Blair to earn £2m as JP Morgan adviser," The Telegraph, 2008. [Online] http://www.telegraph.co.uk/news/politics/labour/1575247/Tony-Blair-to-earn-2m-as-JP-Morgan-adviser.html .

[23] "EU appoints Draghi to ECB, Bini Smaghi to leave," Reuters, 2011. [Online] http://www.reuters.com/article/us-eu-summit-draghi-idUSTRE75N0UK20110624.

[24] "Hollande Calls Barroso's Goldman Sachs Job Morally Unacceptable," Bloomberg, 2016. [Online] https://www.bloomberg.com/news/articles/2016-07-14/hollande-calls-barroso-s-goldman-sachs-job-morally-unacceptable.

[25] "Hank Paulson Mastered Wall Street and Washington, and Now He Trusts Neither," The Atlantic, 2014. [Online] https://www.theatlantic.com/business/archive/2014/02/hank-paulson-mastered-wall-street-and-washington-and-now-he-trusts-neither/283572/.

[26]   "Rethinking Robert Rubin," Bloomberg, 2012. [Online] https://www.bloomberg.com/news/articles/2012-09-30/rethinking-robert-rubin.

[27]   "Profile: Steven Mnuchin, the man who went from Goldman Sachs to US Treasury Secretary," The Telegraph, 2017. [Online] http://www.telegraph.co.uk/business/2016/11/30/steven-mnuchin-man-went-goldman-sachs-us-treasury-secretary/.

[28]   "The long demise of Glass-Steagall," PBS, 2003. [Online] http://www.pbs.org/wgbh/pages/frontline/shows/wallstreet/weill/demise.html.

[29]   "The Warning: Brooksley Born's Battle With Alan Greenspan, Robert Rubin And Larry Summers," Business Insider, 2009. [Online] http://www.businessinsider.com/the-warning-brooksley-borns-battle-with-alan-greenspan-robert-rubin-and-larry-summers-2009-10?IR=T.

[30]   "Greenspan Concedes Error on Regulation," The New York Times, 2008. [Online] http://www.nytimes.com/2008/10/24/business/economy/24panel.html.

[31]   "Banks' Lobbyists Help in Drafting Financial Bills," The New York Times, 2013. [Online] https://dealbook.nytimes.com/2013/05/23/banks-lobbyists-help-in-drafting-financial-bills/.

[32]   "I'm doing 'God's work'. Meet Mr Goldman Sachs," The Times, 2009. [Online] https://www.thetimes.co.uk/article/im-doing-gods-work-meet-mr-goldman-sachs-zflqc78gqs8.

[33]   "Did Henry Ford predict revolution if people understood the banking and monetary system?," StackExchange, 2014. [Online] http://skeptics.stackexchange.com/questions/18247/did-henry-ford-predict-revolution-if-people-understood-the-banking-and-monetary.

[34]   "Money creation in the modern economy," Bank of England, 2014. [Online] http://www.bankofengland.co.uk/publications/Documents/quarterlybulletin/2014/qb14q1prereleasemoneycreation.pdf.

[35]   R. A. Werner, "Can banks individually create money out of nothing? — The theories and the empirical evidence," International Review of Financial Analysis, no. 36, pp. 1-19, 2014.

[36] P. Krugman, "Banking mysticism," The New York Times, 2012. [Online] https://krugman.blogs.nytimes.com/2012/03/27/banking-mysticism/.

[37] "The Keen/Krugman Debate: A Summary," 2012. [Online] https://unlearningeconomics.wordpress.com/2012/04/03/the-keenkrugman-debate-a-summary/.

[38] R. M. Mitchell, "Why the federal taxes you pay are useless: How the federal government destroys your tax money," 2011. [Online] https://mythfighter.com/2011/04/16/why-the-federal-taxes-you-pay-are-useless-how-the-federal-government-destroys-your-tax-money/.

[39] B. Brecht, *Driestuiveropera.*

[40] "$1 Billion Plot to Rob Fed Accounts Leads to Manila Casinos," Bloomberg, 2016. [Online] https://www.bloomberg.com/news/articles/2016-03-09/the-1-billion-plot-to-rob-fed-accounts-leads-to-manila-casinos.

[41] "Crelan 70 miljoen armer door één valse mail "van de baas"," Het Nieuwsblad, 2016. [Online] http://www.nieuwsblad.be/cnt/dmf20160119_02078829.

[42] "KBC stevig opgelicht door diamantair," De Tijd, 2015. [Online] http://www.tijd.be/politiek-economie/belgie-economie/KBC-stevig-opgelicht-door-diamantair/9669925.

[43] W. K. Black, The Best Way to Rob a Bank is to Own One: How Corporate Executives and Politicians Looted the S&L Industry, 2005.

[44] "Basel Committee on Banking Supervision - overview," Bank for International Settlements, 2017. [Online] http://www.bis.org/bcbs/index.htm.

[45] "The Road to Greece Runs Through Basel," Cato Institute, 2011. [Online] https://www.cato.org/blog/road-greece-runs-through-basel.

[46] H. Van der Wee and M. Verbreyt, Mensen maken geschiedenis: de Kredietbank en de economische opgang van Vlaanderen, 1935-1985, 1985.

[47] "A European Deposit Insurance Scheme (EDIS) – Frequently Asked Questions," European Commission, 2015. [Online] http://europa.eu/rapid/press-release_MEMO-15-6153_en.htm.

[48] "Understanding Deposit Insurance," Federal Deposit Insurance Corporation, 2017. [Online] https://www.fdic.gov/deposit/deposits/.

[49] "Icesave: Icelandic government wins compensation ruling," BBC, 2013. [Online] http://www.bbc.com/news/business-21231535.

[50] "China's private sector misses out on credit boom," Financial Times, 2016. [Online] https://www.ft.com/content/833c5208-3eba-11e6-8716-a4a71e8140b0.

[51] R. Haselmann, D. Schoenherr en V. Vig, "Rent-Seeking in Elite Networks," 2017.

[52] "Spain's kickback culture on trial," Politico, 2016. [Online] http://www.politico.eu/article/spains-cash-corruption-and-construction-trial-caso-gurtel/.

[53] "Negatieve rente op Belgische spaarboekjes is bij wet verboden," Moneytalk, 2015. [Online] http://moneytalk.knack.be/geld-en-beurs/sparen/negatieve-rente-op-belgische-spaarboekjes-is-bij-wet-verboden/article-normal-537577.html.

[54] "Federal Reserve Board announces Reserve Bank income and expense data and transfers to the Treasury for 2015," Federal Reserve, 2016. [Online] https://www.federalreserve.gov/newsevents/press-releases/other20160111a.htm.

[55] "How the Royal Navy gave us the Bank of England, a civil service and tinned food (not to mention a global empire)," Daily Mail Online, 2010. [Online] http://www.dailymail.co.uk/tvshowbiz/article-1241867/DAN-SNOW-How-Royal-Navy-gave-Bank-England-civil-service-tinned-food-mention-global-empire.html.

[56] "Investors are no longer yanking billions of dollars out of money market funds, thanks to a new federal government insurance program," CNN Money, 2008. [Online] http://money.cnn.com/2008/09/29/news/economy/money_market/.

[57] "Dark and stormy," The Economist, 2016. [Online] http://www.economist.com/news/special-report/21697985-repressed-financial-system-has-sprouted-high-risk-alternatives-banks-dark-and-stormy.

[58] "Female Chinese students 'asked to hand over nude photos to secure loans'," The Telegraph, 2016. [Online] http://www.telegraph.co.uk/news/2016/06/15/female-chinese-students-asked-to-hand-over-nude-photos-to-secure/.

[59] "China Wealth-Management Products Rise to Record $3.9 Trillion," Bloomberg, 2016. [Online] https://www.bloomberg.com/news/articles/2016-09-01/china-wealth-management-products-rise-to-record-3-9-trillion.

[60] "The Bulgarian Banking Disaster," Forbes, 2014. [Online] https://www.forbes.com/sites/francescoppola/2014/08/18/the-bulgarian-banking-disaster/#2283cc5d2c47.

[61] "Single Resolution Board," [Online] https://srb.europa.eu/.

[62]   "Resolution Plans," Federal Reserve, [Online] https://www.federalreserve.gov/supervisionreg/resolution-plans.htm.

[63]   "Currency Trade Reaches $5.3 Trillion a Day Amid Yen Turnover," Bloomberg, 2013. [Online] https://www.bloomberg.com/news/articles/2013-09-05/currency-trade-reaches-5-3-trillion-a-day-as-yen-turnover-jumps.

[64]   "Black Wednesday 20 years on: how the day unfolded," The Guardian, 2012. [Online] https://www.theguardian.com/business/2012/sep/13/black-wednesday-20-years-pound-erm.

[65]   "Swiss franc surges after scrapping euro ceiling," The Telegraph, 2015. [Online] http://www.telegraph.co.uk/finance/currency/11347218/Swiss-franc-surges-after-scrapping-euro-peg.html.

[66]   B. Taylor, "Birds, boats and bonds in Venice: the first AAA government issue," Global Financial Data. [Online].

[67]   "Global debt markets hit $100 trillion-mark," CNBC, 2014. [Online] http://www.cnbc.com/2014/03/09/global-debt-markets-hit-100-trillion-mark.html.

[68]   "Ratings agencies suffer 'conflict of interest', says former Moody's boss," The Guardian, 2011. [Online] https://www.theguardian.com/business/2011/aug/22/ratings-agencies-conflict-of-interest.

[69]   "Here Are the Top 10 Largest Private Companies in the U.S.," The Motley Fool, 2015. [Online] https://www.fool.com/investing/general/2015/06/28/here-are-the-top-10-largest-private-companies.aspx.

[70]   L. Petram, The World's First Stock Exchange, Columbia University Press, 2014.

[71]   "Market capitalization of listed domestic companies (current US$)," The World Bank, [Online] http://data.worldbank.org/indicator/CM.MKT.LCAP.CD.

[72]   "Market Cap to Maximum Sentence: Booking Enron by the Numbers," The Wall Street Journal, 2006. [Online] http://www.wsj.com/articles/SB114780226218554397.

[73]   "Facebook $22 Billion WhatsApp Deal Buys $10 Million in Sales," Bloomberg, 2014. [Online] https://www.bloomberg.com/news/articles/2014-10-28/facebook-s-22-billion-whatsapp-deal-buys-10-million-in-sales.

[74]   "5 years later Greenspan's irrational exuberance alert rings true," The New York Times, 2001. [Online] http://www.nytimes.com/2001/12/01/your-money/5-years-later-greenspans-irrational-exuberance-alert-rings-true.html.

[75]   "South Sea Company," Wikipedia, [Online] https://en.wikipedia.org/wiki/South_Sea_Company .

[76]   Vanguard, [Online] https://about.vanguard.com/who-we-are/fast-facts/.

[77]   "Global pension statistics," OECD, [Online] http://www.oecd.org/finance/private-pensions/globalpensionstatistics.htm .

[78]   [Online] http://www.swfinstitute.org/fund-rankings/.

[79]   "How Renaissance's Medallion Fund became finance's blackest box," Bloomberg, 2016. [Online] https://www.bloomberg.com/news/articles/2016-11-21/how-renaissance-s-medallion-fund-became-finance-s-blackest-box.

[80]   "Hedge funds: overpriced, underperforming," Financial Times, 2016. [Online] https://www.ft.com/content/9bd1150e-1b76-11e6-b286-cddde55ca122.

[81]   "Should mutual funds be illegal?," Bloomberg, 2015. [Online] https://www.bloomberg.com/view/articles/2015-04-16/should-mutual-funds-be-illegal-.

[82]   D. Bezrukovs, "The role of housing in wealth inequality in Eurozone countries," 2013.

[83]   "Mortgage Debt Outstanding," Federal Reserve, [Online] https://www.federalreserve.gov/econresdata/releases/mortoutstand/current.htm.

[84]   "Private sector debt," OECD, [Online] http://stats.oecd.org/index.aspx?queryid=34814.

[85]   "It's official — Silicon Valley housing prices set a new all-time record," Salon, 2016. [Online] http://www.salon.com/2016/08/12/its-official-silicon-valley-is-now-the-most-expensive-housing-market-in-the-us/.

[86]   "Droomland Amerika - Palo Alto," VPRO, 2016. [Online] http://www.vpro.nl/programmas/droomland-amerika/kijk/afleveringen/2016/palo-alto.html.

[87]   "House price affordability in London reaches a new low," The Telegraph, 2016. [Online] http://www.telegraph.co.uk/property/house-prices/house-price-affordability-london-reaches-new-low/ .

[88]   "1957 Ferrari 335 S Spider Scaglietti breaks auction sale for racing car at £24.7 million," The Telegraph, 2016. [Online] http://www.telegraph.co.uk/news/worldnews/europe/france/12143556/1957-Ferrari-335-S-Spider-Scaglietti-breaks-auction-sale-for-racing-car-at-24.7-million.html.

[89]   "Lego a 'better investment than shares and gold'," Telegraph, 2015. [Online] http://www.telegraph.co.uk/investing/shares/lego-a-better-investment-than-shares-and-gold/.

[90]   "The Story of Long-Term Capital Management," Canadian Invest-
       ment Review, 1999. [Online] http://www.investmentreview.com/
       print-archives/winter-1999/the-story-of-long-term-capital-manage-
       ment-752/.

[91]   D. Lereah, Are You Missing the Real Estate Boom?: The Boom Will
       Not Bust and Why Property Values Will Continue to Climb Through
       the End of the Decade - And How to Profit From Them, Crown Busi-
       ness, 2005.

[92]   "Hedge fund chief Paulson loses big on gold," Reuters, 2013. [Online]
       http://www.reuters.com/article/us-paulson-hedgefund-gold-idUS-
       BRE9460K920130507.

[93]   "Goldman Sachs hired prostitutes to win Libyan business, court told,"
       The Guardian, 2016. [Online] https://www.theguardian.com/busi-
       ness/2016/jun/13/goldman-sachs-hired-prostitutes-to-win-libyan-
       business-court-told.

[94]   "How maritime insurance built ancient Rome," [Online] http://price-
       onomics.com/how-maritime-insurance-built-ancient-rome/.

[95]   "Household financial assets," OECD, [Online] https://data.oecd.org/
       hha/household-financial-assets.htm .

[96]   "Wateroverlast was een druppel te veel," Het Laatste Nieuws, [Onli-
       ne] http://www.hln.be/regio/nieuws-uit-wingene/-wateroverlast-
       was-een-druppel-te-veel-a2068399/.

[97]   "How AIG fell apart," Reuters, [Online] http://www.reuters.com/arti-
       cle/us-how-aig-fell-apart-idUSMAR85972720080918.

[98]   "Loss events worldwide 1980 – 2015," Munich Re, [On-
       line] https://www.munichre.com/site/corporate/get/
       documents_E-1384855568/mr/assetpool.shared/Docu-
       ments/5_Touch/_NatCatService/Significant-Natural-Catastro-
       phes/2015/1980_2015_Welt_all_ins_e.pdf.

[99]   "Tweets, Facebook posts that ruin insurance claims," Nasdaq, [On-
       line] http://www.nasdaq.com/article/tweets-facebook-posts-that-
       ruin-insurance-claims-cm253624.

[100] "Uncovering the Secret History of Wall Street's Largest Oil Trade,"
       Bloomberg, 2017. [Online] https://www.bloomberg.com/news/
       features/2017-04-04/uncovering-the-secret-history-of-wall-street-
       s-largest-oil-trade.

[101] W. Buffett, Letter to the Shareholders of Berkshire Hathaway Inc.,
       http://www.berkshirehathaway.com/letters/2002pdf.pdf, 2003.

[102] "Initial public offering of Facebook," Wikipedia, [Online] https://
       en.wikipedia.org/wiki/Initial_public_offering_of_Facebook.

[103] "Wall Street payday: Meet the bankers on the $108 billion beer deal
       of the decade," Business Insider, 2015. [Online] http://uk.businessin-
       sider.com/ab-inbev-sabmiller-bankers-2015-9?r=US&IR=T.

[104] G. Zucman, The Hidden Wealth of Nations: The Scourge of Tax Havens, University Of Chicago Press, 2015.

[105] "Why did the US pay this former Swiss banker $104M?," CNBC, 2015. [Online] http://www.cnbc.com/2015/04/30/why-did-the-us-pay-this-former-swiss-banker-104m.html.

[106] "German state buys tax CD containing Swiss bank client data - paper," Reuters, 2014. [Online] http://www.reuters.com/article/germany-tax-idUSL6N0U509P20141221.

[107] "Switzerland prosecutes UBS banker for helping Germany chase tax dodgers," The Guardian, 2016. [Online] https://www.theguardian.com/business/2016/sep/07/switzerland-prosecutes-ubs-banker-for-helping-germany-chase-tax-dodgers.

[108] "Swiss bank account 'spy thriller' case raises German ire," Reuters, 2017. [Online] http://www.reuters.com/article/us-swiss-security-germany-idUSKBN18028Y.

[109] "Panama Papers," Wikipedia, [Online] https://en.wikipedia.org/wiki/Panama_Papers.

[110] "Panama Papers: Global banks team with law firms to help the wealthy hide assets," Irish Times, 2016. [Online] http://www.irishtimes.com/business/panama-papers-global-banks-team-with-law-firms-to-help-the-wealthy-hide-assets-1.2597793.

[111] "Panama Papers: Tax haven used by politicians and celebrities," Telegraph, 2016. [Online] http://www.telegraph.co.uk/news/2016/04/04/panama-papers-tax-haven-used-by-politicians-and-celebrities/.

[112] "Ex EU commissioner Neelie Kroes failed to declare directorship of offshore firm," The Guardian, 2016. [Online] https://www.theguardian.com/business/2016/sep/21/ex-eu-commissioner-neelie-kroes-failed-to-declare-directorship-of-offshore-firm.

[113] "The world's favorite new tax haven is the United States," Bloomberg, 2016. [Online] https://www.bloomberg.com/news/articles/2016-01-27/the-world-s-favorite-new-tax-haven-is-the-united-states .

[114] "'The only thing useful banks have invented in 20 years is the ATM'," New York Post, 2009. [Online] http://nypost.com/2009/12/13/the-only-thing-useful-banks-have-invented-in-20-years-is-the-atm/.

[115] W. N. Goetzmann, "Financing Civilization," [Online] http://viking.som.yale.edu/will/finciv/chapter1.htm.

[116] "1590-1668," Sveriges Riksbank, [Online] http://www.riksbank.se/en/The-Riksbank/History/Important-date/1590-1668/.

[117] "The origins of coinage," British Museum, [Online] http://www.britishmuseum.org/explore/themes/money/the_origins_of_coinage.aspx.

[118] "Paper money, a Chinese invention?," Museum van de Nationale Bank van België, 2007. [Online] http://www.nbbmuseum.be/en/2007/09/chinese-invention.htm.

[119] "Musket ball money," 2017. [Online] http://elaineou.com/2017/01/02/musket-ball-money/.

[120] "SWIFT history," SWIFT, [Online] https://www.swift.com/about-us/history.

[121] "Target2," ECB, [Online] https://www.ecb.europa.eu/paym/t2/html/index.en.html.

[122] "Fedwire Funds Services," Federal Reserve, [Online] https://www.federalreserve.gov/paymentsystems/fedfunds_about.htm.

[123] "CHIPS," The Clearing House, [Online] https://www.theclearing-house.org/payments/chips.

[124] "SWIFT messaging system cuts off remaining North Korean banks," Reuters, 2017. [Online] http://www.reuters.com/article/us-north-korea-banks-idUSKBN16N2SZ.

[125] "Russia Prepares For Split With International Banking System," Russia Insider, [Online] http://russia-insider.com/en/ready-any-thing-russia-develops-alternative-international-banking-system/ri19318.

[126] "High speed trading used to be for the birds," Bloomberg, 2014. [Online] https://www.bloomberg.com/view/articles/2014-04-02/high-speed-trading-used-to-be-for-the-birds.

[127] "Rothschilds and pigeon post," Rothschild Archive, [Online] https://www.rothschildarchive.org/contact/faqs/rothschilds_and_pigeon_post.

[128] "New laser network between NYSE and Nasdaq will allow high frequency traders to make even more money," Extreme Tech, [Online] https://www.extremetech.com/extreme/176551-new-laser-network-between-nyse-and-nasdaq-will-allow-high-frequency-traders-to-make-even-more-money.

[129] "The 2010 'flash crash': how it unfolded," The Guardian, 2015. [Online] https://www.theguardian.com/business/2015/apr/22/2010-flash-crash-new-york-stock-exchange-unfolded.

[130] "Flash Crash of the Pound Baffles Traders With Algorithms Being Blamed," Bloomberg, 2016. [Online] https://www.bloomberg.com/news/articles/2016-10-06/pound-plunges-6-1-percent-in-biggest-drop-since-brexit-result.

[131] "Double-entry bookkeeping," Wikipedia, [Online] https://en.wikipedia.org/wiki/Double-entry_bookkeeping_system#History.

[132] "ICBC Business Review," ICBC, [Online] http://www.icbc.com.cn/ICBC/About%20Us/Brief%20Introduction/.

[133] "Structure and network," HSBC, [Online] http://www.hsbc.com/about-hsbc/structure-and-network?WT.ac=HGHQ_Ah_struc1.1_On.

[134] "Deutsche Bank History," Deutsche Bank, [Online] https://www.db.com/company/en/media/Deutsche-Bank-History--Chronicle-from-1870-until-today.pdf.

[135] "Ottoman Empire courts data reveal a cause for sluggish industrialization - Timur Kuran," Duke University, [Online] https://polisci.duke.edu/news/ottoman-empire-courts-data-reveal-cause-sluggish-industrialization-timur-kuran.

[136] N. Häring, "Modi, Yunus and the financial inclusion mafia," [Online] http://norberthaering.de/en/31-english/802-modi-yunus.

[137] "Gross domestic product at market prices", Eurostat [Online] http://ec.europa.eu/eurostat/tgm/refreshTableAction.do?tab=table&plugin=1&pcode=tec00001&language=en

[138] ECB [Online] http://sdw.ecb.europa.eu/browseChart.do?dc=&removeItem=&ec=&rc=&legendPub=published&oc=&node=9691186&df=true&pb=&legendNor=&activeTab=&SERIES_KEY=320.MNA.A.N.I8.W2.S1.S1.B.B1GQ._Z._Z._Z.EUR.V.N&legendRef=reference&STO=B1GQ&STO=B1GQ&STO=B1GQ&STO=B1GQ&DATAS

[139] FRED, [Online] https://fred.stlouisfed.org/series/GDPA.

[140] World Bank, [Online] http://data.worldbank.org/indicator/NY.GDP.MKTP.CD?locations=CN .

[141] "Drugs and prostitutes help bring Italy out of recession," Business Insider, 2014. [Online] http://www.businessinsider.com/drugs-prostitutes-add-to-italy-gdp-2014-10?IR=T .

[142] "Here's why it matters that China is admitting that its statistics are unreliable," Washington Post, 2015. [Online] https://www.washingtonpost.com/news/monkey-cage/wp/2015/12/28/heres-why-it-matters-that-china-is-admitting-that-its-statistics-are-unreliable/?utm_term=.59de2884e314.

[143] "Ireland's GDP figures: Why 26% economic growth is a problem," Irish Times, [Online] http://www.irishtimes.com/business/economy/ireland-s-gdp-figures-why-26-economic-growth-is-a-problem-1.2722170 .

[144] "The economics of well-being," Harvard Business Review, 2012. [Online] https://hbr.org/2012/01/the-economics-of-well-being.

[145] World Bank, [Online] http://data.worldbank.org/indicator/BN.CAB.XOKA.CD?locations=CN.

[146] "Growing U.S. trade deficit with China cost 2.8 million jobs between 2001 and 2010," Economic Policy Institute, 2011. [Online] http://www.epi.org/publication/growing-trade-deficit-china-cost-2-8-million/.

[147] "Hillary Clinton pleads with China to buy US Treasuries as Japan looks on," Telegraph, 2009. [Online] http://www.telegraph.co.uk/finance/financialcrisis/4782755/Hillary-Clinton-pleads-with-China-to-buy-US-Treasuries-as-Japan-looks-on.html.

[148] "1916 dollars in 2016," [Online] http://www.in2013dollars.com/1916-dollars-in-2016?amount=100.

[149] "Consumer price inflation components," Business Insider, 2014. [Online] http://www.businessinsider.com/consumer-price-inflation-components-2014-6?IR=T.

[150] "1970 dollars in 1980," [Online] http://www.in2013dollars.com/1970-dollars-in-1980?amount=100 .

[151] "1973 oil crisis," Wikipedia, [Online] https://en.wikipedia.org/wiki/1973_oil_crisis .

[152] M. Friedman, "The Counter-Revolution in Monetary Theory," *Institute of Economic Affairs,* 1970.

[153] [Online] https://www.globalfinancialdata.com/gfdblog/?p=2382.

[154] M. Pettis, "When do we decide that Europe must restructure much of its debt?," Carnegie Endowment, 2015. [Online] http://carnegieendowment.org/2015/02/25/when-do-we-decide-that-europe-must-restructure-much-of-its-debt-pub-59183.

[155] "Apple's cash hoard swells to record $246.09 billion," CNBC, 2017. [Online] http://www.cnbc.com/2017/01/31/apples-cash-hoard-swells-to-record-24609-billion.html.

[156] "Japan's growth and deflation: two lost decades?," Bank for International Settlements, 2015. [Online] http://www.bis.org/publ/qtrpdf/r_qt1503x.htm.

[157] "U.S. Historical Experience with Deflation," Federal Reserve Bank of St. Louis, 2010. [Online] https://files.stlouisfed.org/files/htdocs/publications/es/10/ES1030.pdf.

[158] "China's debt problem," Thomson Reuters, [Online] http://fingfx.thomsonreuters.com/gfx/rngs/CHINA-DEBT-GRAPHIC/0100315H2LG/index.html.

[159] "Former Eastern Bloc Getting Rocked By Surging Swiss Franc," Business Insider, 2011. [Online] http://www.businessinsider.com/european-homeowners-hit-by-strong-franc-2011-07?IR=T.

[160] "The Asian Crisis - Causes and Remedies," International Monetary Fund, 1999. [Online] http://www.imf.org/external/pubs/ft/fandd/1999/06/aghevli.htm.

[161] B. Bernanke en H. James, The Gold Standard, Deflation, and Financial Crisis in the Great Depression, p. 52.

[162] "Italy to bail out Monte dei Paschi di Siena bank with €20bn rescue fund," The Guardian, 2016. [Online] https://www.theguardian.com/business/2016/dec/21/italys-20bn-bailout-fund-to-rescue-monte-dei-paschi-di-siena.

[163] "Great Depression," Encyclopaedia Britannica, 2014. [Online] https://www.britannica.com/event/Great-Depression.

[164] The New York Times, 2009. [Online] http://www.nytimes.com/2009/02/06/business/worldbusiness/06yuan.html .

[165] "Labor Force Statistics from the Current Population Survey," Bureau of Labor Statistics, [Online] https://data.bls.gov/timeseries/LNS14000000.

[166] "Unemployment rate Spain," Eurostat, [Online] http://sdw.ecb.europa.eu/quickview.do?SERIES_KEY=132.STS.M.es.S.UNEH.RTT000.4.000.

[167] "Federal Net Outlays as Percent of Gross Domestic Product," FRED, [Online] https://fred.stlouisfed.org/series/FYONGDA188S.

[168] "Government expenditure by function – COFOG," Eurostat, 2017. [Online] http://ec.europa.eu/eurostat/statistics-explained/index.php/Government_expenditure_by_function_%E2%80%93_COFOG.

[169] "Obama Signs Stimulus Into Law," The Wall Street Journal, 2009. [Online] https://www.wsj.com/articles/SB123487951033799545.

[170] "Are the Olympics ever worth it for the host city?," American Economic Association, 2016. [Online] https://www.aeaweb.org/research/are-the-olympics-ever-worth-it-host-city.

[171] "You must be joking, Mr. Bernanke," Reuters, 2014. [Online]. http://blogs.reuters.com/james-saft/2014/01/16/you-must-be-joking-mr-bernanke/.

[172] Federal Reserve, 2002. [Online] https://www.federalreserve.gov/boarddocs/speeches/2002/20021108/.

[173] "Ben Bernanke QE2," The Guardian, 2010. [Online] https://www.theguardian.com/commentisfree/cifamerica/2010/nov/06/ben-bernanke-qe2-quantitative-easing.

[174] Federal Reserve, [Online] https://www.federalreserve.gov/releases/H41/default.htm.

[175] European Parliament, [Online] http://www.europarl.europa.eu/EPRS/EPRS-Briefing-548976-The-ECBs-EAPP-FINAL.pdf.

[176] ECB, [Online] https://www.ecb.europa.eu/mopo/implement/omt/html/index.en.html.

[177] "BOJ balance sheet," [Online] https://www.japanmacroadvisors.com/page/category/bank-of-japan/boj-balance-sheet/.

[178] FRED, [Online] https://fred.stlouisfed.org/series/JPNNGDP.

[179] C. Borio, P. Disyatat and A. Zabai, "Helicopter money: The illusion of a free lunch," VoxEU, 2016. [Online] http://voxeu.org/article/helicopter-money-illusion-free-lunch.

[180] W. Buiter. [Online] http://www.economics-ejournal.org/economics/journalarticles/2014-28.

[181] "Helicopter money: loved, not spent," Vox EU, [Online] http://voxeu.org/article/helicopter-money-loved-not-spent.

[182] J. M. Keynes, The General Theory of Employment, Interest, and Money, 1936.

[183] R. E. Lucas, "Macroeconomic Priorities," 2003. [Online] http://www.princeton.edu/~markus/misc/Lucas2003.pdf.

[184] O. J. Blanchard, "The State of Macro," 2008. [Online] http://www.nber.org/papers/w14259.pdf.

[185] B. S. Bernanke, "The economic outlook," Federal Reserve, 2007. [Online] https://www.federalreserve.gov/newsevents/testimony/bernanke20070328a.htm.

[186] " The Man Nobody Wanted to Hear: Global Banking Economist Warned of Coming Crisis," Der Spiegel, 2009. [Online] http://www.spiegel.de/international/business/the-man-nobody-wanted-to-hear-global-banking-economist-warned-of-coming-crisis-a-635051.html .

[187] C. Asness, M. J. Boskin, R. X. Bove, C. W. Calomiris, J. Chanos, J. F. Cogan, N. Ferguson, N. Gelinas, J. Grant, K. A. Hassett, R. Hertog, G. Hess, D. Holtz-Eakin, S. Klarmann, W. Kristol, D. Malpass, R. I. McKinnon, D. Senor, A. Shlaes, P. E. Singer, J. B. Taylor, P. J. Wallison and G. Wood, "Open Letter to Ben Bernanke," 2010. [Online] http://www.hoover.org/research/open-letter-ben-bernanke.

[188] "The Weimar Solution," The Wall Street Journal, 2010. [Online] http://blogs.wsj.com/source/2010/10/01/the-weimar-solution/.

[189] "Munching On QE Pringles All The Way To Weimar," Forbes, 2011. [Online] http://www.forbes.com/sites/greatspeculations/2011/10/10/munching-on-qe-pringles-all-the-way-to-weimar/#5e76973c561f.

[190] "Consumer Price Index for All Urban Consumers: All Items," FRED, 2017. [Online] https://fred.stlouisfed.org/series/CPIAUCNS.

[191] "All Federal Reserve Banks: Total Assets," FRED, 2017. [Online] https://fred.stlouisfed.org/series/WALCL.

[192] "Dollar strongest since 2003; bond selloff resumes," Reuters, 2016. [Online] http://www.reuters.com/article/us-global-markets-idUSKBN13D040.

[193] P. Krugman, "The austerity delusion," The Guardian, 2015. [Online] https://www.theguardian.com/business/ng-interactive/2015/apr/29/the-austerity-delusion.

[194] "The Debt Crisis Cannot Be Solved with More Debt," Mises Institute, 2009. [Online] https://mises.org/library/debt-crisis-cannot-be-solved-more-debt.

[195] "FAQ: Reinhart, Rogoff, and the Excel Error That Changed History," Bloomberg, 2013. [Online] https://www.bloomberg.com/news/articles/2013-04-18/faq-reinhart-rogoff-and-the-excel-error-that-changed-history.

[196] A. Alesina and S. Ardagna, "Large Changes in Fiscal Policy: Taxes versus Spending," National Bureau of Economic Research, 2010. [Online] http://www.nber.org/chapters/c11970.pdf.

[197] P. Krugman, "How Did Economists Get It So Wrong?," The New York Times, 2009. [Online] http://www.nytimes.com/2009/09/06/magazine/06Economic-t.html.

[198] P. Romer, "The Trouble With Macroeconomics," 2016. [Online] https://paulromer.net/the-trouble-with-macro/.

[199] O. Blanchard, " Do DSGE Models Have a Future?," Peterson Institute for International Economics, 2016. [Online] https://piie.com/system/files/documents/pb16-11.pdf.

[200] ""No-one saw this coming?" Balderdash!," Steve Keen's Debtwatch, 2009. [Online] http://www.debtdeflation.com/blogs/2009/07/15/no-one-saw-this-coming-balderdash/.

[201] "GDP per capita (current US$)," World Bank, [Online] http://data.worldbank.org/indicator/NY.GDP.PCAP.CD?locations=CN.

[202] "Venezuela is falling apart," The Atlantic, 2016. [Online] https://www.theatlantic.com/international/archive/2016/05/venezuela-is-falling-apart/481755/.

[203] "Usual suspects - Latin American countries are most likely to default," The Economist, 2014. [Online] http://www.economist.com/blogs/graphicdetail/2014/07/daily-chart-23.

[204] M. Drelichman en H.-J. Voth, Lending to the Borrower from Hell: Debt, Taxes, and Default in the Age of Philip II, Princeton University Press, 2014.

[205] M. Glenny, The Balkans: 1804 - 2012: Nationalism, War and the Great Powers, Granta, 2012.

[206] "Ottoman public debt," Wikipedia, [Online] https://en.wikipedia.org/wiki/Ottoman_public_debt.

[207] "Hedge fund Elliott Capital Management seizes ARA Libertad ship owned by Argentina," Business Insider, 2012. [Online] http://www.businessinsider.com/hedge-fund-elliott-capital-management-seizes-ara-libertad-ship-owned-by-argentina-2012-10?IR=T.

[208] S. H. Hanke en N. Krus, "World Hyperinflations," 2012. [Online] https://www.cato.org/publications/working-paper/world-hyperinflations.

[209] "1980s austerity policy in Romania," Wikipedia, [Online] https://en.wikipedia.org/wiki/1980s_austerity_policy_in_Romania.

[210] "Greece has been in default for 50% of its time as an independent country," Forbes, 2015. [Online] http://www.forbes.com/sites/timworstall/2015/07/01/greece-has-been-in-default-for-50-of-its-time-as-an-independent-country/#6fb1424060e4.

[211] "UK national debt chart," [Online] http://www.ukpublicspending.co.uk/uk_national_debt_chart.html.

[212] "The long story of U.S. debt from 1790 to 2011 in 1 little chart," The Atlantic, 2012. [Online] https://www.theatlantic.com/business/archive/2012/11/the-long-story-of-us-debt-from-1790-to-2011-in-1-little-chart/265185/.

[213] H. Hoover, The Memoirs of Herbert Hoover. The Great Depression, 1929–1941 (vol. 3), 1953.

[214] "Chaori Solar in landmark Chinese bond default," BBC, 2014. [Online] http://www.bbc.com/news/business-26464901.

[215]   "RBS nationalised," politics.co.uk, 2008. [Online] http://www.politics.co.uk/news/2008/10/13/rbs-nationalised.

[216]   "Verbatim of the remarks made by Mario Draghi - Speech by Mario Draghi, President of the European Central Bank at the Global Investment Conference in London," ECB, 2012. [Online] https://www.ecb.europa.eu/press/key/date/2012/html/sp120726.en.html.

[217]   "Latin Monetary Union," Wikipedia, [Online] https://en.wikipedia.org/wiki/Latin_Monetary_Union.

[218]   "EMU@10 I. The first ten years: a resounding success," European Commission, 2008. [Online] http://ec.europa.eu/economy_finance/publications/qr_euro_area/2008/pdf/qrea2_section1_en.pdf.

[219]   "Chart of the week: wage stickiness and painful adjustment," Bruegel, 2012. [Online] http://bruegel.org/2012/10/chart-of-the-week-wage-stickiness-and-painful-adjustment/.

[220]   "Apocalypse fairly soon," The New York Times, 2012. [Online] http://www.nytimes.com/2012/05/18/opinion/krugman-apocalypse-fairly-soon.html.

[221]   "Greece has done much worse with the euro than EM basket cases did with their own currencies," FT Alphaville, 2017. [Online] https://ftalphaville.ft.com/2017/02/08/2184149/greece-has-done-much-worse-with-the-euro-than-em-basket-cases-did-with-their-own-currencies/.

[222]   "The Nixon Shock," Bloomberg, 2011. [Online] https://www.bloomberg.com/news/articles/2011-08-04/the-nixon-shock.

[223]   "Jean Claude Trichet letter to Brian Lenihan," Irish Times, 2014. [Online] http://www.irishtimes.com/business/economy/jean-claude-trichet-letter-to-brian-lenihan-1.1989801.

[224]   "Technical features of Outright Monetary Transactions," ECB, 2012. [Online] https://www.ecb.europa.eu/press/pr/date/2012/html/pr120906_1.en.html.

[225]   "German Central Bank Opposes Euro Strategy," Der Spiegel, 2012. [Online] http://www.spiegel.de/international/europe/german-bundesbank-opposes-euro-crisis-strategy-a-852237.html.

[226]   "German court sets conditions on ECB bond buying," EUobserver, 2016. [Online] https://euobserver.com/economic/133922.

[227] "Fintech is hot, but the demise of traditional banking has been greatly exaggerated," Forbes, 2016. [Online] http://www.forbes.com/sites/chrismyers/2016/04/08/fintech-is-hot-but-the-demise-of-traditional-banking-has-been-greatly-exaggerated/#44bf8c22a2fd.

[228] "Negative rates as a precursor to the death of banking," FT Alphaville, 2012. [Online] https://ftalphaville.ft.com/2012/07/31/1102191/negative-rates-as-a-precursor-to-the-death-of-banking/.

[229] "Sweden leads the race to become cashless society," The Guardian, 2016. [Online] https://www.theguardian.com/business/2016/jun/04/sweden-cashless-society-cards-phone-apps-leading-europe/.

[230] "Is peer-to-peer lending running out of steam?," 2016. [Online] https://www.thersa.org/discover/publications-and-articles/rsa-blogs/2016/07/is-peer-to-peer-lending-running-out-of-steam.

[231] "Inside LendingClub scandal," [Online] http://www.inc.com/business-insider/inside-lending-club-scandal.html.

[232] "Single Supervisory Mechanism," European Central Bank, [Online] https://www.bankingsupervision.europa.eu/about/thessm/html/index.en.html.

[233] "Are we safe yet?," Foreign Affairs, 2016. [Online] https://www.foreignaffairs.com/articles/united-states/2016-12-12/are-we-safe-yet.

[234] "Behold the Confusing Diversity of American Banknotes During the Antebellum Era," Slate, 2015. [Online] http://www.slate.com/blogs/the_vault/2015/09/28/history_of_free_banking_a_list_of_banknotes_from_the_antebelleum_era.html.

[235] "1830-1914: a young nation's coins and notes," Nationale Bank van België, [Online] https://www.nbb.be/en/notes-and-coins/belgian-currency/history-belgian-franc/1830-1914-young-nations-coins-and-notes.

[236] "Europees hof schiet waarborgregeling Arco af," Het Laatste Nieuws, 2016. [Online] http://www.hln.be/hln/nl/957/Binnenland/article/detail/3036461/2016/12/21/Europees-Hof-schiet-waarborgregeling-Arco-af.dhtml.

[237] F. van Lerven, "Public Money Creation," Positive Money, [Online] http://positivemoney.org/wp-content/uploads/2016/04/Public-Money-Creation-2.pdf.

www.ingramcontent.com/pod-product-compliance
Lightning Source LLC
Chambersburg PA
CBHW061158220326
41599CB00025B/4525